우치다 다쓰루内田樹

50년 넘게 대중과 소통하며 글 쓰고 수련하는 사상가이자 무도가.
도쿄대학과 도쿄도립대학 대학원에서 공부하며 에마뉘엘 레비나스를
발견해 평생의 스승으로 삼고 프랑스 문학과 사상을 공부했다.
이후 도쿄도립대학을 거쳐 고베여학원대학에서 교편을 잡다가 2011년
퇴직한 뒤로는 고베에 개풍관이라는 도장을 열어 그곳에서 생활하고
있다. 개풍관은 단순한 합기도장을 넘어 무도 수련장이자 다양한 주제의
세미나가 열리는 장소이며, 학숙 공간인 동시에 노가쿠를 비롯한 전통
예능을 연습하고 공연하는 자리이기도 하다. 무엇보다 다채로운 커먼즈
실험을 할 수 있는 지역 공동체로, 평상시에도 우치다 다쓰루 자신의
사적 영역인 동시에 공공·반공공 목적으로 활용되는 '모두의 집'이다.
현재는 고베여학원대학 명예교수이자 교토세이카대학 객원교수이며,
블로그 '우치다 다쓰루의 연구실'을 운영하며 문학·영화·예술·
철학·사회·정치·교육·무도 등 다양한 분야에서 자신만의 스타일로
거침없는 글을 쏟아낸다. 공저와 번역을 포함해 지금까지 200권이 넘는
책을 썼고, 국내에 번역 출간된 책만 40권이 넘는다.
『푸코, 바르트, 레비스트로스, 라캉 쉽게 읽기』『우치다 다쓰루의
레비나스 시간론』『무지의 즐거움』『도서관에는 사람이 없는 편이
좋다』『목표는 천하무적』『교사를 춤추게 하라』『어른 없는 사회』
『거리의 현대사상』『어떻게든 되겠지』등의 대표작이 있다.

박동섭

독립연구자. 사상가와 철학자의 언어를 대중도 이해할 수 있는
언어로 설명하고 알리고자 애쓰고 있다. 세계에서 유일한 우치다
다쓰루 연구자를 자처하며 『우치다 선생에게 배우는 법』과 『우치다
다쓰루』를 썼다. 이외 『심리학의 저편으로』『성숙, 레비나스와의 시간』
『동사로 살다』『레프 비고츠키』 등의 저서를 쓰고, 『무지의 즐거움』
『도서관에는 사람이 없는 편이 좋다』『목표는 천하무적』『단단한 삶』
『야생의 실종』 등을 우리말로 옮겼다.

커먼즈의 재생

커먼즈의 재생

우치다 다쓰루 지음 : 박동섭 옮김

공공, 환대, 관용은

어떻게 회복되는가

일러두기
- 모든 각주는 옮긴이 주입니다.

한국의 독자들에게

제 책이 한국에서 꾸준히 읽히는 이유가
무엇일까요?

안녕하세요, 여러분. 우치다 다쓰루입니다.

『커먼즈의 재생』한국어판이 나오게 됐습니다. 아마 제 저서의 57번째 한국어 번역본일 겁니다.

2025년 5월에 한국을 방문해 '한일 연계'라는 주제로 강연을 했습니다. 그 자리에서 '내 저서가 한국에서 읽히는 이유는 무엇인가?'에 대한 이야기도 나누었지요. 어떻게 생각하면 다소 천박하게 들릴 수도 있는 얘기입니다만('내가 이토록 인기 있는 이유는 뭔가?' 같은 말을 꺼내는 사람은 거의 없으니까요), 저에게는 매우 흥미로운 문제였습니다. 제 책을 이토록 활발히 번역해 주는 나라는 오직 한국밖에 없거든요.

    중국어로는 『일본 변경론』 『청년이여, 마르크스를 읽자』 등 몇 권이 번역되었는데 그리 많지는 않습니다. 외국어 번역본이 존재하는 언어는 한국어와 중국어뿐이고요. 참 이상하지 않나요? 그동안 프랑스와 독일 잡지, 스위스 라디오 방송에서 각각 한 차례씩 인터뷰를 했는데요, 유럽 언론과의 인터뷰는 그 세 번이 전부입니다. 영어권에서는 인터뷰나 기고 요청, 번역 제의를 단 한 번도 받아 본 적이 없습니다. 딱 한 번 홍콩의 영자지에서 인터뷰를 요청했지만, 담당자가 너무 오만해서 거절했습니다.

    한국어 번역본이 잇따라 나올수록 한편으로는 이른바 '영어권의 조직적인 무시'가 신경 쓰이기 시작했습니다. 물론 '내 책이 재미없어서'라는 설명도 충분히 합리적이지만, 어쩌면 영어권 독자들은 일본인이 쓰는 '상황론'에는 전혀 관심이 없는지도 모릅니다. 반면에 무라카미 하루키나 히라노 게이치로, 요시모토 바나나가 쓴 문학 작품들은 거침없이 영어로 번역되고 있습니다. 이처럼 문학에서는 일본인의 재능을 높이 평가하면서 상황에 대한 일본인의 분석은 '읽을 가치가 없다'고 여긴다면, 이는 꽤 흥미로운 사실입니다.

　제가 존경하는 '상황론'적 작가로는, 전후 일본에서는 요시모토 다카아키, 하니야 유타카, 에토 준, 하시모토 오사무, 가토 노리히로 같은 이름이 바로 떠오릅니다. (다소 편향된 선호이긴 하지만요.) 그런데 인터넷 검색을 해 보면 이들의 저서 중 영어 번역서는 에토 준의 『닫힌 언어 공간』閉ざされた言語空間 한 권뿐입니다. 요시모토도 하시모토도 가토도 영어로 번역된 저서는 전혀 없습니다. (요시모토는 『공동 환상론』共同幻想論의 불어 번역본이 있긴 합니다만.)

　하지만 이렇게 되면, 전후 일본인들이 정치에 관해 무엇을 생각하고 무엇을 열띠게 논의해 왔는지 영어권 사람들은 알 수가 없습니다. 몰라도 되는 걸까요? 영어권의 정치학자나 사회학자의 저작 중에는 결코 '일류'라고 부르기 어려운 사람들의 책도 줄기차게 일본어로 번역되고 있는데 말이죠. 이런 불균형은 도대체 어떻게 이해해야 할까요? 저는 이를 '영어권 사람들(주로 '미국인'을 말합니다)은 일본 지식인이 자신들의 사회와 세계를 어떻게 인식하고 있는지 전혀 관심이 없다', 이렇게 해석해도 된다고 생각합니다.

일본은 미국의 군사적 속국입니다. 안보든 외교든 에너지든 식량이든, 그 어떤 핵심 정책도 미국의 허가 없이는 결정할 수 없습니다. 아니, 굳이 '허가'를 받을 필요까지도 없습니다. 일본 정치인들은 '미국의 국익을 최우선으로 고려하는 정치가 아니면 정권을 안정적으로 유지할 수 없다'고 철석같이 믿고 있으니까요. 여당뿐만 아니라 야당 일부도 마찬가지입니다. 사실상 미국에 충성을 다하며 복종하는 나라를 두고 '쟤네는 왜 저렇게 비굴하지?'라고 고민할 만큼 미국인들이 한가하지도 않습니다. 그들에겐 더 중요한 사안이 많으니까요.

　　제 글에서 가장 자주 언급되는 대상은 바로 미국입니다. 미국의 정치, 미국의 영화, 미국의 음악, 미국의 문학…… 등등에 대해 저는 상당히 많은 글을 써 왔습니다. 이번 책에서도 미국에 대한 언급이 가장 많을 듯하군요. 그 이유는 '미국인은 무슨 생각을 하는가?'라는 물음이 속국민인 저에게는 매우 긴급한 화두이기 때문입니다. '미국인의 욕망이 어디를 향하는가'를 파악하는 일은, 일본의 앞날을 예측하는 데 절대 빼놓을 수 없는 정보입니다.

　　하지만 미국인에게 '일본인은 무슨 생각을 하는

가?' '일본인이 욕망하는 것은 무엇인가?'라는 물음은 별다른 지적 호기심을 불러일으키지 못할 겁니다. 물론 경제 이슈(가령 일본 자동차 수입량, 일본 자본의 미국 기업 인수 등)에는 어느 정도 관심이 있겠죠. 하지만 그것은 '일본인은 어떤 수단을 써서 돈을 벌려 하는가'라는 질문으로 환원됩니다. 그리고 그 수단들은 '미국인도 능히 생각할 수 있는 돈벌이 수단 목록'에 벌써 다 올라 있습니다. 그런 질문은 일본을 연구하겠다는 동기가 될 수 없습니다.

이처럼 일미 간에는 지적 관심의 극심한 불균형이 존재합니다. 이와 대조적으로, 한일 양국 국민이 이웃 국가에 보이는 큰 관심에 저는 깜짝 놀랐습니다. 2024년에 일본을 방문한 한국인은 880만 명으로, 중국인 700만 명, 타이완인 600만 명을 크게 웃도는 수치입니다. 같은 기간 한국을 찾은 일본인은 300만 명입니다. 일본 인구가 한국의 두 배 가까이 된다는 점을 고려할 때, '이웃 국가에 대한 관심의 크기'라는 추상적 개념을 단순히 방문객 수로만 계량한다면(사실 그렇게 해선 안 되지만), 한국 국민이 일본에 보이는 관심은 일본 국민이 한국에 보이는 관심의 여섯 배(!)라는 결론이 나옵니다. 대단하죠.

　이것을 일미 관계에 적용한 논리에 대입해 보면, 이는 곧 한국인들은 '일본인은 무슨 생각을 하는가?' '일본인이 욕망하는 것은 무엇인가?'라는 물음에 절실한 관심을 기울이고 있다는 뜻이 됩니다. 저는 그렇게 생각합니다.

　일본은 한때 한반도를 식민지로 삼아 비인도적인 수탈을 자행하고 조선인의 인권을 짓밟은 '가해국'입니다. 게다가 식민 지배에 대해 충분한 사죄와 보상도 하지 않았습니다. 적어도 한국 국민 대다수는 그렇게 느끼고 있습니다. 심지어 현대 일본의 역사 수정주의자들(국회의원도 포함되어 있습니다)은 재일 한국인에 대한 배외주의적 언설을 퍼뜨리고, 식민지 지배를 정당화하기도 합니다. 그러니 한국 국민이 이렇게 '위험한' 이웃 국가에 무관심할 수는 없겠죠.

　따라서 한국에서는 일본의 언론인이나 지식인이 내놓는 '한국론'을 상당히 정밀히 연구하고 있을 겁니다. 한국인에게는 '위험한' 사상가를 경계할 만한 이유가 충분하니까요. 아마 그 과정에서 '한국에 우호적인 언론인'(다시 말해 일본 내 식민주의자·수정주의자와 싸우는 일본 언론인) 리스트에 제 이름이 올라가지 않았나 싶습니다. 실제로 고베와 오사카의 한국 총영사관에서 먼저 연락이 와서 함께 식사하며 친분을 쌓은 적도 있으니, 그런 '리스트'가 분명 있을 겁니다.

하지만 일본에 대한 한국인의 관심은 단순히 '적군 대 아군' 수준에 머물지 않습니다. 일본 전통문화의 깊숙한 곳에 '한반도 전통문화와 통하는 무언가'가 있음을 직감하고 자연스러운 친근감을 느끼는 이들도 있습니다. 한반도와 일본 열도는 모두 중국의 '변경'이었으며, 중국 문화의 강력한 영향 아래 각기 고유한 문화를 형성해 온 유교 문화권 국가입니다. 그러니 문화적으로 깊은 '친근감'을 느끼는 것도 당연하겠지요.

이 밖에도 한국과 일본을 이어 주는 또 한 가지 요소가 있습니다. 바로 '안보'입니다. 한일 양국은 지정학적으로 미국의 동아시아 전략에서 '최전선'을 맡고 있습니다. '같은 배를 탄' 셈이죠. 미국과 중국 간에 전쟁이 벌어진다면 일본과 한국은 미국으로부터 군사적 개입을 요구받을 겁니다. 경우에 따라서는 자국 영토가 전장이 될 수도 있습니다. 그런 위험을 양국이 함께 떠안고 있습니다. 그러니 미중 전쟁은 반드시 피해야 합니다. 이는 한일 양국이 공동으로 짊어진 안보상의 최우선 과제입니다. 미국과 중국 모두 자제력 있게 행동할 것을 일본과 한국은 똑같이, 강력하게 요구하고 있습니다. 따라서 저는 한일 동맹이야말로 동아시아의 지정학적 안정을 위한 가장 합리적인 해법이라고 믿고 있습니다.

한일 양국을 합치면 인구 1억 7700만 명, GDP는 6조 달러로 미국과 중국에 이어 세계 3위의 경제권이 됩니다. 인종적 동일성, 문화적 유사성, 지정학적 이해관계를 고려할 때, 한국과 일본만큼 '공동체' 형성에 적합한 정치단위는 존재하지 않습니다.

한일 합방에 관해서는, 한국에서도 일본에서도 메이지 초기부터 다양한 논의가 있었습니다. 일본의 합방론자들이 연대와 우애라는 본래 취지를 잃고 일본의 식민 지배에 가담하게 된 변질의 과정에 대해서는, 최근 저서 『일본형 코뮌주의의 옹호와 기리기: 곤도 세이쿄의 삶과 사상』日本型コミューン主義の擁護と顕彰—権藤成卿の人と思想에 제가 생각한 바를 쓴 바 있습니다.

과거의 '한일 합방론'은 실패했습니다. 그 원인 중하나는 메이지 시대에 대일본제국과 대한제국 사이에는 '대등한 합방'을 가로막는 군사력·경제력의 압도적인 격차가 존재했기 때문입니다. 병합 당시 일본의 GDP는 620억 달러였는데 대한제국은 추정치로 70억 달러였으니 거의 10배 차이가 났고, 군사력 차이는 이보다 더 컸습니다. 지금은 상황이 다릅니다. GDP는 일본이 4조 달러, 한국이 2조 달러입니다. 군사력을 보면 한국은 (미국, 러시아, 중국, 인도에 이어) 세계 5위, 일본은 세계 8위입니다. 민주주의 지수는 일본이 8.48로 세계 16위의 '완전한 민주주의 국가', 한국은 7.75로 세계 32위의 '결함 있는 민주주의 국가'입니다(이는 조만간 역전될지도 모릅니다). 이들 통계 지표를 종합해 보면, 국력으로 보나 국제사회에서의 위상으로 보나 한쪽이 다른 쪽을 지배하는 시나리오는 현실적으로 불가능합니다. 그렇기에 21세기 국제 정치를 논의할 때 '한일 공동체'는 충분히 검토해 볼 만한 화두라고 생각합니다.

　　이런 가능성을 가까이에서 체감하는 사람들이 한일 양국에 어느 정도 존재하며, 이들은 이 구상을 좀 더 구체적이고 선명한 비전으로 발전시키려는 바람을 품고 있다고 봅니다. 아마도 이것이 제 책이 한국에서 읽히는 이유 중 하나일 겁니다.

　　이야기가 두서없이 흘러가서 죄송합니다만, 이렇

게 '내 저서가 한국에서 읽히는 이유는 무엇인가?'에 대한 몇 가지 생각을 정리해 보았습니다. 앞으로도 한국에서 제 책이 계속 번역되리라고 생각하며, 그때마다 이 질문을 스스로에게 반복해 던지고 싶습니다.

마지막으로, 제 책을 꾸준히 번역해 주시는 박동섭 선생의 노고에 다시 한번 깊은 감사를 드립니다. 이 책이 한일 양국의 우정과 이해를 쌓아 가는 데 조금이나마 도움이 되기를 진심으로 바랍니다.

들어가는 말

모두가, 언제든지, 언제까지나 사용할 수 있도록
배려하는 주체를 만들어 내는 일

여러분, 안녕하세요. 우치다 다쓰루입니다.

　이번에는 『GQ JAPAN』에 연재 중인 에세이와 그 밖의 다양한 매체에 기고한 글을 묶어 책을 내게 되었습니다. 이 연재는 담당 편집자 이마오 나오키 씨가 매월 여러 주제로 질문을 하면 제가 대답하는 형식으로 진행했습니다. 2016년에도 『GQ』에 연재한 글을 묶어 『고민하는 사람 어서 오세요, 우치다 다쓰루의 생존 전략』悩める 人、いらっしゃい 内田樹の生存戦略이라는 단행본으로 펴낸 적이 있는데요, 이번에는 그 이후에 기고한 글을 엮은 책입니다.

아시는 분은 아시겠지만 『GQ』는 유행에 굉장히 민감한 잡지입니다. 『VOGUE』의 자매지니까요. 광고면에 등장하는 시계나 옷이나 가방이나 자동차 브랜드는, 저처럼 촌스러운 인간에게는 다시 태어나도 인연이 없겠다 싶은 것들뿐입니다. 그런데 웬일인지 『GQ』의 스즈키 마사후미 편집장이 저의 반시대적 글쓰기를 좋아해 줘서 꽤 오랫동안 『GQ』에 칼럼을 썼습니다.

칼럼은 상당히 특이한 과정을 거쳐 완성됩니다. 일단 이마오 씨와 스즈키 편집장이 고베에 있는 우리 집까지 와서 차를 마시면서 수다를 떱니다. 그러다가 이마오 씨가 준비해 온 질문을 던집니다.(소재가 부족할 때는, 저를 만나러 오기 전에 주위에 "지금 우치다 선생을 만나러 갈 건데, 뭔가 묻고 싶은 것 없어? 뭐든지 좋아~"라는 식으로 질문을 모아 온 것이 아닐까 싶습니다. 개인적인 질문이 꽤 많거든요.)

대답은 저와 스즈키 편집장 둘이서 합니다. 네, 두 사람이 대답합니다. 대체로 스즈키 편집장이 먼저 쾌도난마로 척척 대답을 하면, 재밌게 들은 제가 그에 질세라 더욱 폭주하는 대답을 하는…… 뭐 그런 흐름입니다. 그러다 보니 질문과 전혀 관계없는 방향으로 이야기가 새곤 하는데요, 이마오 씨는 일단 모든 이야기를 녹음합니다. 그러고 스즈키 편집장이 한 발언은 빼고 제가 한 이야기만 문자화하면, 그걸 제가 굳이 원형을 유지하지 않고 가필을 해서 완성하는 프로세스입니다. 스즈키 편집장의 이야기에 영감을 받아 즉석에서 떠오른 생각을 많이 이야기하다 보니, 교정지를 읽어 보면 내가 왜 그런 말을 했는지 아리송한 내용도 등장하는데요. 그래도 '나라면 아무래도 말할 것 같은' 이야기라서 그대로 실었습니다.

　주제는 정치, 경제부터 결혼이나 독서 감상까지 다양합니다. 한 꼭지를 온전히 채울 만큼 방대한 주제도 있고, 거침없이 몇 줄로 답하고 끝나는 주제도 있습니다.

　제목은 『커먼즈의 재생』으로 최종 결정했습니다. 처음에는 다른 안이 나왔는데, 전체를 통틀어 제가 가장 말하고 싶었던 것은 역시 '커먼즈'라서 그렇게 정했습니다. 영단어 'common'은 형용사로 쓰면 '공통의, 공동의, 공공의, 보통의, 흔한'이라는 뜻이지만, 명사로는 '마을' 혹은 '마을의 공유지' '경계가 없는 초지나 황무지'를 가리킵니다. 옛날에는 유럽과 일본의 촌락 공동체에 그런 '공유지'가 있었습니다. 마을 사람들이 공동으로 관리하며 목초지에서는 가축을 기르고, 숲에서는 과일이나 버섯을 채취하고, 호수나 강에서는 물고기를 잡았습니다. 그래서 공유지를 '모두가, 언제든지, 언제까지나 사용하려면' 서로에 대한 배려가 필요했지요.

'커먼즈의 가치'는 단순히 그것이 만들어 내는 시장 가치의 산술적 총합으로는 설명할 수 없습니다. 초원에서 풀을 먹여 생산한 소고기, 숲에서 채취한 과일이나 버섯, 강에서 잡은 물고기의 시장 가치를 모두 합친다 해도 커먼즈가 만들어 내는 가치를 온전히 대변하지는 못합니다. 그보다는 '모두가, 언제든지, 언제까지나 사용할 수 있도록' 배려하는 주체를 만들어 내는 일 자체에 커먼즈의 진정한 가치가 있다고 생각합니다.

복잡하게 말해서 죄송합니다. 다른 식으로 말해 보죠. '모두가, 언제든지, 언제까지나 사용할 수 있도록' 배려하는 주체란 '누구'를 가리키는 걸까요?

바로 '우리'입니다. 그렇죠? "우리가 공유하는 이 커먼즈를 우리가 소중히 간직합시다"라는 언명을 발신할 수 있는 주체는 '우리'입니다. 즉 커먼즈의 가치는 '우리'라는 공동 관리 주체를, 좀 더 파고들면 '공동 환상'을 만들어 내는 데 있습니다. 저는 '우리'라는 말에 고유한 무게와 질감을 부여하는 장치로서 '커먼즈'가 존재했다고 생각합니다.

자본주의적 관점에서 보면, 토지 같은 건 굳이 공유하지 않아도 됩니다. 아니, 공유하지 않는 게 좋습니다. 공유하고 공동 관리하면 시간만 많이 잡아먹으니까요. 공유지의 사용 방식을 놓고 일일이 합의를 해야 하고, 모두가 동의해 주지 않으면 사용 방식을 바꿀 수도 없습니다. 그런 게 귀찮은 사람이 "공유하니까 불편하잖아. 그보다는 균등하게 쪼개서 나눠 갖고 각자 마음대로 사용하자"라는 말을 꺼냈습니다.

실제로 근대에 이르자 영국 전역에서 '인클로저'en-closure 운동이 일어납니다. 이는 '커먼즈의 사유화'를 의미합니다. 그 결과 사유지에서는 토지 생산성이 높아졌습니다. 당연하겠죠. '내 땅'이니까 필사적으로 경작하고 필사적으로 작물을 재배하며 비용 대비 효과가 높은 사용법을 궁리했습니다. 자본주의적 관점에서는 그게 정답이었습니다.

하지만 그 대가로 '우리'라고 자칭하는 공동 관리 주체가 소멸했습니다. 그건 원래 공동 환상이었으니까 '그런 것'이 사라져도 별다른 어려움이 없을 줄 알았죠. 그런데 정신을 차리고 보니 촌락 공동체라는 것이 소멸하고 말았습니다. 다들 각자 돈벌이에 열중하는 사이에 그동안 집단적으로 공유하고 지켜 오던 제례와 의식과 전통 예능과 생활문화가 사라졌습니다. 상호부조 시스템 또한 무너져 버렸습니다.

그러다 생산성 높은 농업으로 전환하는 데 실패한 자영농은 땅을 잃고 소작농으로 전락하거나 도시 프롤레타리아로 내몰렸습니다. 그렇게 영국의 농업혁명과 산업혁명이 이루어졌습니다. 자본주의에서 보면 "경사 났네! 경사 났어!"입니다만, 어쨌든 그렇게 커먼즈는 소멸했습니다.

그 후 '쇠사슬 말고는 잃을 것이 없는'* 도시 프롤레타리아의 참상을 보다 못한 마르크스와 엥겔스가 '코뮌의 재생'을 제언했습니다. 그것이 바로 '공동체주의', 즉 '코뮤니즘'communism입니다. '공산주의'라는 번역어로는 우리에게 딱 와닿지 않습니다(일본인의 일상에는 '공산'이라는 보통 명사가 없으니까요). 하지만 마르크스와 엥겔스가 '코뮤니즘'이라는 용어를 선택했을 때 염두에 둔 것은 추상적인 개념이 아닙니다. 영국의 '공유지', 프랑스나 이탈리아의 '코뮌'처럼 역사적으로 실재한 제도

---

* 마르크스가 『공산당 선언』에서 쓴 표현으로, 자본주의 사회에서 노동자가 겪는 속박과 억압을 상징한다.

였습니다. 그래서 처음에 마르크스를 번역한 사람들이 '코뮤니즘'을 '공유주의'라든가 '공동체주의'라고 의역했다면, 이후 일본의 좌익 역사도 조금은 양상이 달라졌을지도 모릅니다.

제가 이 책에서 호소하는 '커먼즈의 재생'은 사상적으로는 '인클로저'에 맞섰던 마르크스의 "만국의 프롤레타리아여, 단결하라"는 외침과 궤를 같이합니다. 글로벌 자본주의 말기에 나타난 시민의 원자화와 파편화, 혈연·지연 공동체의 해체, 상호부조 시스템의 부재라는 삭막한 현실을 어떻게든 타개하고자 '우리'를 새로이 세워 가려는 시도입니다. 다만 제 생각은 마르크스만큼 스케일이 크진 않습니다. 제가 재생하려 하는 커먼즈는 작은 규모입니다. 예전에 촌락 공동체가 공유했던 들판이나 숲, 혹은 옛 '코뮌'을 구성했던 교회와 광장, 그 정도 규모입니다. 말하자면 '이웃' 공동체죠.

이런 구상이 과연 오늘날 역사적 긴급성을 지니고 있을까요? 이 책을 끝까지 읽고 나서 판단해 주시기 바랍니다.

그럼 '저자 후기'에서 다시 뵙겠습니다.

'일어날 수 있는 최악의 사태'를 상상하고 대비하지 않는다면

여러분, 안녕하세요. 우치다 다쓰루입니다.

『커먼즈의 재생』 문고판을 펼쳐 주셔서 감사합니다. 2021년에 나온 단행본은 월간지 『GQ』에 2016년 7월부터 2020년 6월까지 연재한 '인생 상담' 코너와 그 밖의 다양한 매체에 기고한 글을 묶은 것입니다. 그러니 첫 번째 글은 지금으로부터 거의 8년 전, 도쿄 올림픽도 코로나도 시작되지 않았을 때의 이야기죠. "그런 옛날이야기, 지금 읽어도 재밌을까요?" 이런 의문이 드는 게 당연합니다. 그런데 제가 다시 읽어 보니까 그런대로 재밌습니다.

시사성도 떨어지는 글이 어째서 아직도 읽을 만한가? 그에 대한 제 생각을 말씀드리고 싶습니다.

시사적 주제를 다룬 글이 지속적인 가치를 지니려면 무엇이 필요할까요? 거기에 담긴 미래 예측이 맞아떨어져야 할까요? 그런 요인도 있긴 있겠군요. 본문을 읽어 보면 아시겠지만, 제가 이 책에 쓴 내용 가운데 크게 빗나간 것은 "아베 정권은 곧 끝난다"고 예언했지만 5년 이상 유지된 것 정도입니다. 나머지는 대체로 맞았습니다.

하지만 '예측이 맞았다'는 사실만으로 '지속적인 가치'가 생겨나지는 않을 것 같습니다. 나중에 무슨 일이 일어났는지 여러분은 이미 알고 계시니까요. 제 예측이 적중하든 빗나가든 "아, 그렇구나" 하고 대수롭지 않게 넘길 겁니다. 게다가 정치, 경제, 국제관계 문제는 아무리 전문가라 해도 예측이 빗나가는 경우가 많습니다. '인간의 지혜로는 가늠하기 어려운, 예상 밖의 일'이 종종 일어나는지라 어쩔 수 없습니다. 2019년 초에 '조만간 신종 바이러스에 의한 팬데믹이 일어나리라고' 예측하거나, 2022년 초에 '러시아가 우크라이나를 침공하리라고' 예측하거나, 2023년 가을에 '하마스의 테러로 인해 이스라엘이 가자를 침공하고 팔레스타인에서 제노사이드가 시작되리라고' 예측한 사람은 아마 거의 없을 겁니다.

그래도 무슨 일이 실제로 일어나면 우리는 '이런 일이 벌어진 게 이상하지 않다'고 생각합니다. '일어날 만한 일이 일어났다'고 여기는 거죠. 그렇다면 '앞으로 일어날 일'을 놓고 최대한 긴 목록을 만들어 두는 것이 '앞으로 이런 일이 반드시 일어난다'고 단정하는 것보다 훨씬 효과적이지 않을까요? 언제부터인가 저는 이런 생각을 하게 됐습니다.

저는 무도가입니다. 무도가로서 '허를 찔리는' 상황에 처해서는 곤란하죠. 허를 찔려 허둥대며 이러지도 저러지도 못하는 사태는 피하고 싶습니다. 무도가가 아니더라도 누구나 마찬가지일 겁니다. 허를 찔리는 순간, 생물의 생명력은 급격히 소진됩니다. 경우에 따라서는 그대로 목숨을 잃을 수도 있습니다.

그래서 저는 '일어날지도 모르는 최악의 사태'를 놓고 상상력을 최대한 폭넓게 가동하려 합니다. 자기 전에 잠옷으로 갈아입으면서는 이런 생각을 합니다. '한밤중에 게슈타포에게 잡혀간다면? 이런 차림새로도 괜찮을까?' 게슈타포 같은 건 일본에 없는데도 말이죠. 엘리베이터를 탈 때는 '엘리베이터가 고장 나서 몇 시간 동안 갇힐 경우'에 대비해 미리 화장실에 갑니다. 이런 식으로 항상 '최악의 사태'를 염두에 둡니다.

일본 사회에는 이런 상상력을 가동하는 사람이 별로 없습니다. 그보다는 '일어날 수 있는 최선의 상황'을 상상하죠. '그렇게 되면 경제적 파급 효과가 몇조 엔에 달할 것'이라든가 '전 세계에서 일본을 극찬할 것'이라는 식으로 지나치게 낙관적인 이야기를 선호합니다. 과거 일본이 전쟁을 일으켰을 때 지도부는 '육군 참모들이 계획한 모든 작전이 성공하면 황군은 대승을 거둔다'는 식의 낙관적인 예측만 받아들였고, 그 결과 치명적인 패배를 당했습니다. 제가 보기에 일본인은 이 뼈아픈 역사를 진지하게 성찰하지 않는 것 같습니다.

실제로 지금도 올림픽이니 엑스포니 카지노니 리니어 신칸센*이니 원전을 들먹이며 '제대로만 걸리면 대박'이라는 식의 이야기에만 열중할 뿐입니다. 그 프로젝트가 실패했을 때 "피해를 최소화하려면 어떤 조치를 취해야 할까?" 같은 질문은 아무도 하지 않습니다. 프로젝

---

* 도쿄-나고야-오사카를 연결하는 초고속 자기부상열차 노선으로 2014년 착공되었다. 도쿄와 나고야를 40분, 도쿄와 오사카를 67분 만에 주파하는 것이 목표다. 그러나 공사비가 대폭 늘어나고 개통 시기도 계속 늦춰지는 등 난항을 겪고 있다.

트 회의에서 '실패 시 피해 최소화 방안'에 대해 이야기하는 사람은 아마 모두에게 미운털이 박힐 겁니다. "재수 없는 소리 집어치워!"라는 호통을 듣고 묵살당하기 십상이죠. 그러나 그 결과, 지금 일본 사회에서는 '일어날 가능성이 있는 최악의 사태'는 아무도 이야기하지 않으며 아예 상상도 하지 않게 되었습니다.

이렇게 강한 어조로 단언할 수 있는 이유는, 일본어에는 'risk hedge'라든지 'fail-safe'라든지 'resilience' 같은 개념의 적절한 번역어가 없기 때문입니다. 그동안 일본에서는 외래어를 한자 두 글자를 조합한 새로운 단어로 만들어 일본어 어휘(와 일본인의 의식) 속에 도입해 왔습니다. '개인'도 '사회'도 '과학'도 '철학'도 메이지 시대의 선인들이 번역어를 만들어 일본어에 도입한 것입니다. 하지만 'risk hedge'의 번역어는 없죠? 'risk hedge'는 '위험이 발생할 가능성이나 내용을 예측하고, 위험을 피하거나 피해를 최소화하는 대비책을 마련하는 것'입니다. 매우 중요한 일이니까 한자로 번역어를 만들어도 괜찮지 않을까요?

'fail-safe'도 마찬가지입니다. 이는 기계가 통제 불능이 되었을 때 '안전한 쪽'에서 기능을 중지하도록 설계하는 것을 말합니다. 선로 차단기는 정전이 되어 멈출 때는 반드시 '아래로 내려가도록' 설계되어 있습니다. 자동차 엔진은 고장 나면 반드시 '회전수가 내려가도록' 설계되어 있고요. 기계 제조 분야에서는 'fail-safe'가 세계표준이므로 일본의 제조회사에서도 이를 적용하고 있지만, 그 원칙을 사회적 현실에 적용하지는 않는 것 같군요.

'resilience'는 공학에서는 '뒤틀리거나 구부러진 소재가 원형으로 회복되는 힘'을 말하는데, 심리학에서는 '위험 상황에 직면해도 정상적인 평형 상태를 유지하는 능력'이라는 뜻으로 쓰입니다. 이 단어 역시 적절한 일본어 번역어가 없습니다. '복원력' '내구력' '재기력'再起力이라는 번역어가 있긴 하지만, 그런 말로는 원어의 뉘앙스가 제대로 전해지지 않습니다.

번역어가 없다는 건 일본인이 무의식중에 '그런 개념은 토착화하지 않겠다'고 단호하게 거부하고 있다는 뜻입니다. 저는 그렇게 생각합니다. 제 개인적 가설일 뿐이니까 어떤 'evidence'도 없습니다만(그러고 보니 evidence도 번역어가 없는 개념이군요).

즉 일본 사회에는 '일어날 수 있는 최악의 사태'를

상상하고 그것이 초래하는 피해를 최소화하려는 구체적 방안을 마련해 두는 지적 습관이 없습니다. 심지어 무의식적으로 그런 지적 습관을 거부하고 있습니다. 저는 이 상당히 특이한 심리 기제가 일본 사회의 취약성을 높이고 있다고 생각합니다.

일본인으로서 저는 이 나라가 언제까지나 번창하길 바랍니다. 국민이 유쾌하게 살아가길 바랍니다. 사람들이 허를 찔려 돌연사하는 꼴은 막고 싶습니다. 그래서 '일어날 수 있는 최악의 사태'를 되도록 구체적으로, 최대한으로 상상하고 있습니다. "재수 없는 말 하지 말라"거나 "너 같은 패배주의자가 오히려 패배를 불러들인다"와 같은 비판은 기꺼이 감수할 각오가 돼 있습니다.

서문이 너무 길어져서 이쯤에서 마무리를 짓겠습니다. '시사적인 글이 지속적으로 읽히려면 어떤 요인이 필요한가'라는 물음에 답하느라 여기까지 썼군요. '미래에 일어날 수 있는 여러 시나리오를 상상하고, 피해를 최소화할 방안을 고민하는 태도'가 매우 중요한 요인이라는 것이 제 가설입니다. 조지 오웰의『1984』나 레이 브래드버리의『화씨 451』, 리들리 스콧의『에일리언』이나 스티븐 스필버그의『죠스』나 조지 밀러의『매드 맥스』같은 작품도 그런 관점에서 만든 작품이라고 생각합니다.

끝으로 최선을 다해 편집해 주신 분게이순주의 이케노부 토모코 씨와 보너스 트랙 대담 수록을 흔쾌히 허락해 주신 사이토 고헤이 씨께 감사 말씀을 올립니다.

복잡한 현실은 서둘러 단순화하지 말고 복잡한 채로 다룬다. 이는 내가 경험으로 터득한 사실이다. 그 편이 '이야기가 빨리 진행되기' 때문이다. 오히려 복잡할수록 더 빠르게 진행된다. 내가 이런 말을 하면 많은 사람이 의아한 표정을 짓지만, 그래도 그게 맞다. 다소 복잡한 논리니까 이에 대한 설명을 해 보겠다.

　다들 아시겠지만 나는 '병적으로 성격이 급한' 사람이다. 사람들과 어디를 갈 때 정해진 시간이 되면 일행이 다 모이지 않았어도 그대로 출발한다. 연회 자리에서도 시간이 되면 아직 귀빈이 오지 않았어도 "자, 건배 연습을 해 봅시다" 하면서 모두에게 건배사를 외치게 한다 (그러다 귀빈이 도착하면 "건배 의식에 실수가 있어서는 안 되니 리허설을 여러 번 했습니다"라고 변명한다). 이런 성격이니, 당연히 대화할 때도 '이야기를 빨리 진행하는 것'을 가장 중요하게 생각한다. 이야기가 지지부진해지는 것도, 이미 끝난 논의를 재탕하는 것도 극도로 싫어한다. 그런 내가 오랫동안 대화와 합의의 경험을 쌓은 끝에 이른 결론은, '이야기를 복잡하게 해야 오히려 일이 빨리 풀린다'는 것이다.

많은 사람이 '이야기를 단순하게 만드는 것'과 '이야기를 빨리 진행시키는 것'을 동일시하는데, 그건 잘못된 생각이다. 이야기는 단순해졌지만 그로 인해 현실은 오히려 더 감당하기 힘들어지는 일이 자주 일어난다. 현실 자체가 복잡한데 무리하게 이야기를 단순화하면 현실과 이야기의 틈만 더 벌어질 뿐이다. 이야기가 아무리 깔끔하고 단순하다 해도, 현실과의 접점을 잃은 '간단한 이야기'에는 현실을 진정으로 변화시키는 힘이 없다.

이런 말을 해 놓고 바로 번복하려니 좀 민망하지만, 사실 '간단한 이야기'로 현실을 변화시키는 것이 가능하긴 하다. 그렇기 때문에 사람들은 '간단한 이야기'에 매혹되고 때로는 거기에 집착한다. 단순화된 이야기는 지적 부담을 줄이는 데 그치지 않고, 실제로 어느 정도 실행력을 갖기도 한다. 다만 복잡한 현실을 단순한 이야기로 환원함으로써 생겨난 '현실'이란 실은 억지로 만들어 낸 것에 불과하다. 그렇게 '억지로 바꾼 현실'은 '현실로서의 필연성'이 결여되어 있기에 유지력이 없다. 억지로 무리한 탓에 내부에서부터 무너져 내리고, 결국 형상 기억 합금처럼 아무것도 해결되지 않은 채 '복잡한 현실'이라는 본래 모습으로 돌아가고 만다.

그리스 신화에 프로크루스테스라는 강도가 등장한다. 그는 길가에 숨어 있다가 지나가는 여행자에게 자기 집에서 쉬어 가라고 권유한다. 집에 데려온 여행자를 자기 침대에 눕히고는 침대보다 사람이 크면 신체를 잘라 내고, 침대보다 사람이 작으면 침대 길이에 맞추어 억지로 몸을 늘려 버린다.

복잡한 현실을 단순한 이야기로 덜컥 정리하려는 사람을 보노라면 늘 이 이야기가 떠오른다. 프로크루스테스 같은 짓을 하면 당연히 천벌을 받는다. 신화에 따르면, 영웅 테세우스가 나타나 프로크루스테스를 그 침대에 눕히고 삐져나온 머리와 다리를 잘라 버린다. '프로크루스테스의 침대'는 오늘날에도 '억지로 끼워 맞춘 도식'의 비유로 쓰인다. 그렇게 무리하게 조정하다 보면 오히려 자신의 머리와 다리가 잘려 목숨을 잃게 된다. 그러니 현실을 잘라 내거나 역으로 현실에 없던 것을 덧붙이는 일, 둘 다 하지 않는 게 좋다. 현실은 그 크기와 깊이와 불가해함까지도 가능한 한 있는 그대로 다뤄야 한다. 물론 번거롭긴 하다. 그리고 누가 하든 간에 어느 정도는 인위적으로 '잘라 내거나 덧붙일' 수밖에 없다. 하지만 그것을 당연하게 여기며 하는 것과 꺼림칙해하면서 하는 것 사이에는 어마어마한 차이가 있다.

'이야기를 단순하게 만드는' 방법 중 가장 쉬운 것은 '문제를 없애 버리는' 것이다. 문제가 존재하는데도 "거긴 아무 문제도 없어"라고 주장하는 거다. 예를 들어, 북방 영토 문제에서 일본과 러시아는 서로 입장이 상당히 다르다. 특히 러시아가 "북방 영토는 원래 러시아 고유의 영토이므로 일본과의 사이에 영토 문제는 존재하지 않는다"고 주장하면서 가장 큰 입장 차이가 생겨났다. 대화란 '그곳에 문제가 있다'는 점을 양측이 인정하기 때문에 시작되는 것인데, 한쪽이 '문제는 없다'고 해 버리면 그 문제는 영원히 해결되지 않는다.

나치는 기원전부터 계속된 '유대인 문제'의 '최종 해결책'으로 천재적인 아이디어를 떠올렸다. 바로 유대인을 '없애 버리는' 것이었다. 문제의 당사자가 이 세상에서 사라지면 문제도 사라진다. 나치 독일의 국민계몽선전부 장관 요제프 괴벨스는 1941년 일기에 이렇게 적었다. "유대인 문제에 관해, 총통은 문제를 간단하게 만들기로 했다." 이 문장은 '문제를 간단하게 만든다'는 표현 중 가장 인상적인 용례로 기억해도 좋다. 그러나 역사가 우리에게 가르쳐 주는 바는, '최종 해결책'이라는 이름으로 이야기를 단순화하려 한 결과 독일 국민은 영원히 해결되지 않는 문제를 떠안게 되었다는 사실이다.

극단적인 사례이지만, 문제를 간단히 만들려고 할 때는 흔히 '음모론'이 채택된다. 음모론은 매우 다루기 쉬운 방식이라서 많은 사람이 정치적 난제를 이 방식으로 설명하려 한다. '음모론'이란, 어떤 '불편한 사건'이 발생했을 때 그것을 '사악한 존재의 개입'으로 설명하려는 태도이다. 과거에 그 집단은 '본래의 순수한 상태'였고, 매우 풍요롭고 생산적이며 효율적이었다. 그런데 외부에서 이물질이 침투해 집단을 '오염'시켰기 때문에 '본래 모습'을 잃게 됐다. 따라서 그 이물질을 특정한 다음 도려내고 배제하면 집단은 원초적인 청정함과 활력을 되찾게 된다. 이것이 '음모론'의 기본 구조다.

우리 집단 어딘가에 '악의 주범'이 있다. 그를 지목하는 순간, 일의 절반은 끝난다. 이제 남은 일은 모두가 합심해서 그 '주범'을 박해하고 몰아내는 것뿐이다. '누가 주범인가'를 찾아낼 때까지는 머리를 좀 굴려야 하지만, 주범이 지목된 다음에는 힘만 쓰면 되기 때문에 지적 부담은 제로가 된다. 그래서 전 세계 사람들이 이 '간단한 이야기'에 열광한다. 정치적 카리스마는 있으나 두뇌가 썩 좋지 않은 정치 지도자들은 거의 100퍼센트가 이 구조로 정책을 실현하려 한다.

음모론은 대중의 정치적 열광을 자극하는 데 압도적인 힘을 발휘한다. 나치, 스탈린, 마오쩌둥, 이슬람 원리주의가 입증한 사실이다. 엄청난 사건이 발생했을 때 음모론자들은 그것을 여러 복합적인 원인의 결과로 여기지 않는다. 단 하나의 '주범'이 모든 것을 기획하고 조종했다고 생각한다.

프랑스 혁명은 거대한 정치적 격변이었지만 음모론은 이를 왕정의 무능, 자본주의의 발전, 계몽 사상의 확산 등이 빚어낸 복합적인 결과라고 보지 않는다. 그 대신 프랑스 전역을 배후에서 조종하는 '비밀 조직'의 계획이 실현된 것이라고 여긴다. 이때 '주범'은 반드시 '비밀 조직'이어야 한다. 혁명 직전까지도 프랑스 경찰은 이처럼 거대한 운동을 일사불란하게 통제할 수 있는 엄청난 '조직'이 존재한다는 사실을 몰랐기 때문이다. 그래서 '어둠의 조직'이라는 결론이 나오고, '비밀 조직'의 존재는 자명한 사실로 받아들여진다. 그렇다면 다음 문제는 '그게 누구냐?'는 것이다. 프리메이슨, 일루미나티, 성당 기사단, 영국의 해적 자본, 프로테스탄트…… 여러 후보가 거론된 끝에 '유대인의 세계정부'가 '주범'이라는 이야기로 정리되었다. 프랑스 혁명 이후 유대인이 차별받는 신분에서 해방되어 시민권을 획득하고 정치·경제·언론 등 사회 각계에 화려하게 진출했다는 역사적 사실이 눈앞에 있었기 때문이다.

반유대주의자 드뤼몽은 『유대인의 프랑스』에 이렇게 썼다. "프랑스 혁명의 유일한 수혜자는 유대인이다. 모든 것은 유대인에서 시작된다. 따라서 모든 것은 유대인의 것이 된다." 어떤 사건의 수혜자가 그 사건의 '주범'이라는 추론은 논리적으로 성립하지 않는다. 그건 '바람이 불면 통 장수가 돈을 번다'*는 사실로부터 통 장수가 날씨를 조종하는 신비한 힘을 가졌다고 추론하는 것과 같은 수준이다. 하지만 이 음모론에 프랑스 독자들은 열광했고, 『유대인의 프랑스』는 19세기 프랑스 최고의 베스트셀러가 되었다. 그리고 드레퓌스 사건은 이 터무니없는 음모론이 유대인 장교 한 사람을 파멸시킬 만큼 강력한 현실 변형력을 지녔음을 전 세계에 보여 준 사건이었다.

---

* '바람이 분다 → 흙먼지가 날린다 → 눈에 먼지가 들어가서 눈병에 걸린다 → 눈병 때문에 맹인이 늘어난다 → 맹인은 샤미센(일본의 현악기)을 산다 → 맹인이 늘어나 샤미센 수요가 폭발한다 → 샤미센 수요가 폭발하니 필요한 고양이 가죽 때문에 고양이들이 죽는다 → 고양이가 줄자 쥐가 늘어난다 → 쥐들이 통을 갉아 먹는다 → 통의 수요가 늘어 통 장수가 돈을 번다'는 식으로, 어떤 일이 일어나면 그와 전혀 관계가 없어 보이는 다른 장소나 사물에도 영향을 미친다는 일본 속담. 요즘에는 가능성이 낮은 인과 관계를 억지로 갖다 붙이는 주장이나 이론을 비판하는 용도로 쓰이곤 한다.

국가는 시민이 만든 인공물이다

Q. 코로나19로 많은 나라에서 비상사태를 선포했습니다. 프랑스나 영국처럼 민주주의의 모범으로 꼽히는 나라조차도 '외출 금지령'을 내리는 상황을 보면서, 이동의 자유가 이렇게 쉽게 제한될 수 있다는 사실에 충격을 받았지요. 그런데 일본은 2020년 2월 말 아베 총리가 전국 휴교 요청을 했지만 최종 판단은 각 지자체에 맡겨졌고, 이후에도 '외출 자제 요청'에 그쳤습니다. 이런 차이는 위기의식의 차이에서 비롯되었을까요, 아니면 '행정'에 대한 사고방식이 다르기 때문일까요?

'오카미'와 '공공'의 차이

일본과 서구는 '국가'에 대한 인식이 다르기 때문이라고 생각합니다. 일본인에게 정부는 '오카미'ぉ上*이지만, 서구인에게 정부는 '공공'public입니다. '오카미'란 말 그대로 하늘에서 내려온 존재입니다. 국민보다 훨씬 앞서 존재했고, 국민이 모두 사라져도 영원히 존속하리라고 여겨지지요. 일본인은 정부를 그런 초역사적인 제도로 상상하는 경향이 있습니다.

하지만 유럽의 근대 시민사회론에서 말하는 국가는 그런 것이 아닙니다. 국가는 인류가 자신의 문제를 해결하려고 손수 만든 '장치'에 지나지 않는다, 로크도 홉스도 비슷한 주장을 펼쳤습니다. 그들의 설명에 따르면, 고대 인류는 저마다 내 이익을 극대화하겠다며 끊임없이 다퉜습니다. 말하자면 '만인의 만인에 대한 투쟁'이었죠. 그런데 이웃과 계속 다투며 살아간다면 사유재산을 안정적으로 지킬 수 없습니다. 밤에 안심하고 잘 수도 없고요. 그보다는 개인의 권리를 일정 부분 제한하고, 모든 사람이 사유재산 일부를 내놓아 '공공'이란 것을 만들고, '공공'에 옳고 그름을 판정할 권한을 위임하며, 필요시 법을 집행하는 강제력을 부여하자는 식으로 합의가 이

---

* 위를 뜻하는 '上'에 존칭 접두어 'ぉ'가 붙은 표현으로 '위에 있는 분들', 즉 권위나 권력을 가진 위정자를 뜻한다.

46

루어졌다, 이런 얘기입니다.

　이게 실제로 있었던 역사적 사실인지는 알 수 없습니다. 어쨌든 서구에서는 그런 '이야기'를 받아들여 근대 시민사회의 기초로 삼았습니다. 여기에는 '국가는 시민이 자신의 돈을 들여 만든 인공물'이라는 전제가 깔려 있습니다. 국가가 잘못된 일을 하면 시민에게는 '저항'하거나 '혁명'을 일으킬 권리가 보장됩니다. 미국 독립선언문에도, 프랑스 인권선언문에도 그렇게 명시되어 있습니다. 자신들이 직접 만든 것이니 불편해지면 수리해서 계속 써야죠. 너무나 당연한 일입니다.

　하지만 일본인은 그렇게 생각하지 않습니다. 시민혁명의 경험이 없기 때문에 어쩔 수 없는 노릇입니다. 에도 시대의 '우리 영주님'이 메이지 시대에는 '천황 폐하'로, 패전 후에는 '미국'으로 바뀌었을 뿐입니다. 일본 시민은 한 번도 국가에 저항하거나 혁명을 일으킨 적이 없습니다. 자신의 의지로 자신의 권리를 제한하거나 재산을 내놓으며 공공을 세운 역사적 기억이 없습니다.

　국가는 사회구성적 '인공물'이라는 사실을 간파한 현자도 물론 있었습니다. 후쿠자와 유키치는 "국가를 세우는 것은 개인이지 공공이 아니다"라고 단언했지만, 안타깝게도 이런 국가관이 널리 공유되지는 못했습니다. 일본인에게 '오카미'는, 민중의 의지나 삶과는 무관하게 저 위에서 민중을 내려다보는 존재입니다. 그것이 일본인에게는 자연스럽습니다. 우리의 일상 활동 자체가 '공공'을 형성하며 통치자는 시민을 위해 일하는 '공복'公僕이라는 인식이 우리에겐 없습니다. '공복'이라는 단어는 알아도 그 말에서 떠오르는 구체적 이미지가 없습니다. 저는 이 단어를 보아도 아무것도 떠오르지 않습니다.

국회의원이나 관료가 '공복'이 아닌 이상, 시민이 '공민'公民일 리도 없습니다. '공민'이라는 사회 과목이 있다고는 하는데요. '공민'이란 말을 듣고 "아, 그런 뜻이구나" 하고 납득하는 사람이 얼마나 될까요? 저에게는 '공민'도 '공복'과 마찬가지로 구체적인 이미지가 전혀 떠오르지 않는 추상적인 단어일 뿐입니다. '공민'이란, 때로는 자기 돈을 써 가며 정부를 지원할 의무가 있고, 또 때로는 일어나서 정부에 맞서 싸울 권리가 있다고 생각하는 사람을 뜻합니다. 하지만 우리에게는 그런 사고방식 자체가 없습니다. 그렇게 배운 적도 없습니다. "자기 지갑을 털어서라도 정부를 지지하라"는 이야기는 들은 적이 있지만, "정부에 맞설 권리가 있다"고 누가 가르쳐 준 기억은 없습니다.

실제로 아베 내각을 '우리가 권한을 위임한 기관'이라고 생각하는 국민은 10퍼센트도 안 될 겁니다. 절반 이상의 국민은 "어느 순간 정체도 잘 모르는 사람이 총리가 되어 거들먹거리는데, 그래도 권력자에게는 반항하면 안 되는 거 아닐까……" 하고 막연히 생각할 뿐입니다.

시키기만 하고 책임은 지지 않는다

언론의 자유든 이동의 자유든, 서구 시민들에게 그것들은 수 세기에 걸친 투쟁으로 쟁취한 성과입니다. 그렇게 힘겹게 얻어 낸 시민적 자유이기에, 그 자유를 제한해야 한다는 말을 들으면 고통스럽고 분개하기 마련입니다.

메르켈 독일 총리의 연설에서는 그 고통과 책임감이 뚜렷이 드러났습니다. 쿠오모 뉴욕 주지사가 외출금지령을 발표하며 한 연설도 설득력이 상당합니다. 그는 그 조치로 인해 발생할 모든 문제에 대해 "비난은 내가 받겠다"Blame me고 단언했습니다. 바로 이런 말이 위기 상황에서 정치인이 해야 할 말입니다. 존슨 영국 총리의 연설도 설득력이 있었습니다. 저는 그의 정책을 지지하지는 않지만, 간결하고 핵심을 찌르는 연설은 매우 훌륭했다고 생각합니다. 이런 시기에는 무엇보다도 리더가 '말 한마디의 무게를 아는 사람'이라는 인상을 주어야 한다는 점을 그는 잘 이해하고 있었습니다. 초기에는 상황을 너무 안이하게 판단한 트럼프 미국 대통령도, 사태가 심각해지자 전례 없는 규모의 경기 부양책을 마련하고 현금 지급도 결정했습니다. 하지만 감염병 관련 거짓말을 너무 많이 해서 국민의 신뢰를 얻지는 못했죠.

일본 총리의 지도력과 메시지 전달력은 트럼프보다도 훨씬 못합니다. 안쓰러울 정도로 빈약합니다. '자숙 요청'만 반복하며 '이러쿵 저러쿵 말은 하면서도 돈은 내지 않는다, 시키기만 하고 책임은 지지 않는다'는 최악의 퍼터널리즘paternalism을 여실히 보여 줄 뿐입니다.

전 세계가 한날한시에 치른 '국가 시험'

이번 코로나 사태는 마치 전 세계 국가들이 동시에 치른 '대학 입시' 같았습니다. 세계 각국이 동시에 같은 문제에 직면해서 같은 질문에 답해야 했죠.

정답은 누구도 모릅니다. 저마다 자기가 지닌 경험과 지식, 지혜를 총동원해 문제를 풀 수밖에 없습니다.

이럴 때야말로 그 나라의 '진짜 국력'이 드러납니다.

감염병 대응에 성공한 사례는 금세 다른 나라들이 따라 합니다. 훌륭한 '방역 초기 차단 전략'을 펼친 타이완, '정보 공개·검사·격리'로 억제에 성공한 한국의 사례는 이미 여러 나라에서 참고하고 있습니다. 우한을 봉쇄하고 단기간에 병원을 세우며 인공호흡기를 대량 생산한 중국은 "저런 일은 강권 국가니까 가능하지"라는 부러움을 샀습니다. 감염을 조기에 억제하고 나자 이탈리아 등 해외에 의료 지원을 하면서 이를 일종의 '외교 카드'로 활용하려 하고 있습니다. 그런 방식이 AI 군비 경쟁이나 일대일로—帶—路 투자보다 국제사회에서 중국의 위상을 끌어올리는 데 훨씬 더 효과적임을 시진핑은 잘 알고 있습니다. 따라서 '코로나 이후' 세계에서는 미국의 위신은 하락하는 반면 중국의 존재감은 상대적으로 높아질 것으로 예측됩니다.

일본 정부는 "훌륭하게 감염병을 통제했다"고 자처하지만, 정말 그랬다면 세계 어딘가에서는 "일본 방식으로 코로나를 막자"고 말하는 나라가 있어야 합니다. 하지만 유감스럽게도 그런 나라는 하나도 없습니다.

리스크의 과소평가

일본의 실패는 무엇보다도 정부가 '정상성 편향'에 사로잡혀 있기 때문입니다. 전 세계적인 팬데믹이 될 가능성이 크다는 사실을 알면서도, 위기를 부각하면 7월 올림픽 개최가 어려워질 수 있다는 이유로 일본 정부는 '별일 아닌 척'했습니다. 감염 피해가 얼마나 미미한지, 얼마나 쉽게 억제할 수 있는지 알리는 데에만 혈안이 되어 있었죠. 그래서 감염 지역에서 오는 입국자도 올림픽 연기가 결정될 때까지 계속 받아들였고, 다이아몬드 프린세스호에서 내린 승객들도 (다른 나라는 검사 결과가 음성이라 해도 2주간 전원 격리했는데) 일본에서는 대중교통을 이용해 즉시 귀가하도록 허용하는 바람에 2차 감염을 초래했습니다. 이는 과학적 근거에 따른 판단이 아니라, '올림픽을 개최하고 싶다'는 주관적인 욕망에 이끌려 팬데믹의 위험을 과소평가한 것입니다.

욕망에 사로잡힌 결과

『죠스』에서 경찰서장은 식인 상어가 출몰했다는 사실을 시장에게 보고하며 해변을 폐쇄해야 한다고 말합니다. 하지만 시장은 "이제 곧 피서철이고 관광객이 몰려올 텐데, 상어가 출몰했다는 사실을 알리면 손님이 뚝 끊긴다. 상어 얘기는 꺼내지도 말라"며 경고 발령을 막습니다. 그 결과 피서객들은 차례차례 상어에게 잡아먹히고요. 저는 『죠스』가 팬데믹의 우화를 담은 작품이라고 생각합니다. 『죠스』의 시장은 일본의 총리, 도지사, 올림픽 조직위원회와 똑같습니다. 눈앞의 돈벌이에 눈이 멀어 리스크를 과소평가하다가 감염자를 늘린 겁니다. 『죠스』는 '그렇게 해서는 안 된다'는 교훈을 전하려고 고대부터 이어져 온 대표적인 이야기 구조입니다. 그런데 일본은 거기서 '하지 말라'는 걸 그대로 하고 말았습니다.

어쨌든 코로나 사태가 어느 정도 진정되고 나면, 왜 이렇게까지 감염이 확산했는지, 정부의 대응은 왜 항상 '뒤늦게' 이루어지는지, 왜 병참을 경시하고 전력을 점진적으로 투입하는 제국 육군의 필패 패턴을 답습했는지 철저히 반성해야 한다고 생각합니다.

물론 '모든 일본인이 피해자니까 그런 딱딱한 말은 그만하고 서로 위로하자'는 '일억총참회론자'*들이 나서서 어떻게든 흐지부지 덮으려고 하겠지요. 하지만 그런 식으로 넘어가면, 다음번엔 똑같은 실패를 더 큰 규모로

---

* '일억총참회론'이란 제2차 세계대전을 일으킨 책임을 전 국민이 저야 한다는 것으로, 표면적으로는 전 국민이 반성해야 한다는 이론같이 보이지만 실상은 아무도 전쟁 책임을 지지 않겠다는 생각과 통하는 것이었다. 국민 모두에게 전쟁 책임이 있다는 것은 아무에게 책임이 없다는 말과 같기 때문이다.

반복하게 될 뿐입니다.

다음 팬데믹을 막으려면

이런 상황을 두 번 다시 되풀이하지 않으려면 해야 할 일은 분명합니다. 감염병 대책센터(일본판 CDC*) 설립, 검사 체계 확충, 인공호흡기 등 의료 자원 보강, 격리 시설 정비, 감염병과 리스크 커뮤니케이션의 전문가를 정책 결정 과정에 포함시키기 등등.

하지만 제 생각엔 한 가지도 실현되지 않을 것 같습니다. 의사들에게 물어보면 감염병은 인기 없는 진료과목이라고 합니다. 몇 년에 한 번씩 목숨 걸고 일해야 하지만, 평상시에는 딱히 수요가 없으니까요. 단년도 예산 관점에서 보면 의사도 간호사도 장비도 제대로 활용되지 않는 경우가 많습니다. 그런 상황이 지속되면, '가성비'를 따지는 정치인이나 관료 들은 "그런 분야는 필요 없다"고 말하게 됩니다.

그런 이유 때문에 일본에는 영원히 CDC가 설립되지 않을 겁니다. 눈앞의 돈 계산에만 얽매여 거시적인 판단을 하지 못하는 사람이 제도를 설계하면 이런 일이 일어납니다.

---

* 미국 질병예방통제센터.

Q. 코로나 때문에 불확실하지만 올림픽 성화 봉송이 일단 2020년 3월 26일부터 시작될 예정입니다. 우치다 선생님은 지금 일본의 올림픽 개최에 반대하고 계신데요, 1964년 도쿄 올림픽 때는 어땠습니까?

사유지이므로 출입금지

1964년 도쿄 올림픽 때는 일본 전체가 들뜬 분위기였다고들 하는데요. 당시 도쿄의 아이들에게는 꼭 그렇지도 않았습니다. 놀이터가 없어졌거든요. 저는 1950년대까지 도쿄 오타구 남서쪽 다마 강변에 살았는데요. 공장 지대였지만 집 앞에 벌판이 펼쳐져 있었습니다. '벌판'이라고 해서 목가적인 풍경은 아니고, 공습으로 불탄 공장 터에 잡초만 무성한 공터였어요. 잡초 아래는 콘크리트 토대였고 그을리고 뒤틀린 철근과 유리 조각이 널려 있었고요. 물론 땅 주인은 있었겠지만, 그 땅에 무언가를 지을 기력도 자금도 없어 그대로 방치되어 있었습니다. 그 공터가 바로 아이들의 놀이터였죠.

그때 아이들은 그런 들판이나 신사 경내, 방공호, 강둑 같은 곳에서 놀았습니다. 지금 생각해 보면 꽤 위험한 장소도 있었지만, 어른들은 살아 내느라 바빠서 대낮에 아이들이 어디서 무엇을 하며 노는지 신경 쓸 여유가 없었습니다. 만화 『도라에몽』을 보면 공터에 꼭 둥그런 토관이 있는데, 그건 여기저기서 하수도 공사가 진행되고 있었다는 증거입니다. 물론 토관이 놓여 있는 공터도 엄연히 사유지였지만, 땅 주인들은 아이들이 뛰어놀든 토관을 갖다 놓든 크게 문제 삼지 않았습니다. 그 땅에 특별한 가치가 있다고 생각하지 않았거든요.

그런데 도쿄 올림픽을 앞두고 상황이 달라졌습니다. 잡목림은 베어지고 연못과 실개천은 메워졌습니다.

새로운 도로가 잇따라 생겨나면서 땅값이 급등했습니다. 그전까지는 아무런 가치도 없던 땅이 갑자기 쓸 만한 재산이 된 겁니다. 그러자 땅 주인들은 갑자기 공터에 철조망을 치더니 '사유지이므로 출입금지'라는 팻말까지 세웠습니다. 오기가쿠보에 있는 조부모 댁 근처에도 분위기 있는 잡목림이 있었습니다. 제가 무척 좋아하던 산책길이었는데, 어느 날 가 보니 잡목림이 아예 사라지고 그 자리에 도로가 뚫려 있지 뭡니까. 그때 받은 충격은 이루 말할 수 없습니다.

제 기억에 1964년 도쿄 올림픽은, 도쿄에 남아 있던 자연이 파괴된 사건으로 깊이 남아 있습니다. 아이들이 자유로이 드나들던 '커먼즈'(공유지)가 사유화되어 철조망으로 둘러싸여 버렸죠.

1950년대 도쿄 서민들은, 세키가와 나쓰오* 씨 말처럼 '공화적 가난' 속에서 안온함을 누렸습니다. 모두가 가난했지만 서로 도우며 살았지요. 아이들은 이웃집에 가서 간식도 얻어먹고 텔레비전도 보고, 어느 집이나 자유롭게 드나들었습니다. 그런데 올림픽을 전후로, 낮은 울타리로만 구분되어 있던 이웃집들이 블록 담장을 쌓고 자기 집을 '둘러치기' 시작했습니다. 공터에 철조

---

* 1949년 니가타현 출생. 소설가·논픽션 작가·평론가 겸 만화 원작자로 다니구치 지로와 함께 『도련님의 시대』 시리즈를 만들었다.

망이 생긴 것과 마찬가지로 '사유지이므로 출입금지'가 된 셈이지요.

그전에는 땅도 집도 '커먼즈'였습니다. 누구나 들어갈 수 있었지요. 그런데 그곳이 출입 금지가 된 이유는, '공화적 가난'의 시대가 끝나고 빈부 격차가 생겨났기 때문입니다. 고도성장 덕분에 모두가 어느 정도 부유해졌지만, 부유해지는 속도는 저마다 달랐습니다. 그래서 남들보다 먼저 텔레비전이나 냉장고, 자가용을 산 집은 지역사회 안에서 눈에 띄게 됩니다. 그러면 '시샘과 악의에 찬 눈길'을 피하려고 담을 쌓고 문을 닫아 버렸죠.

그래서 저에게 도쿄 올림픽은, '놀이터가 사라진 일'과 '이웃집이 닫혀 버린 일'이라는 두 가지 사건과 함께 기억되고 있습니다.

'홈스테드법'과 영화 『셰인』

세계사 시간에 '인클로저 운동'이라는 걸 배웠을 겁니다. 과거에 영국의 자영농들은 땅을 공유하며 공동으로 관리했습니다. '커먼즈'(공유지)에서 가축을 방목하거나 자생하는 과일과 버섯 등을 채취하며 살아갔지요. 그런데 어느 순간 누군가가 "공유된 땅은 생산성이 낮다"

고 말하기 시작했습니다. '모두의 것'이기 때문에 그 땅을 활용해 돈을 벌 의욕이 생기지 않는다면서요. 그래서 이런 상황은 바람직하지 않다, 땅을 사유화하는 편이 낫다고 주장하게 된 겁니다. 자기 소유의 땅이라면 필사적으로 활용하며 최대한의 이익을 뽑아내려 할 것이다, 땅을 효율적으로 활용하려면 '공유'해서는 안 된다는 것이 '인클로저'의 논리였습니다.

그러자 농민들은 "그런가……" 싶어 그 말에 따랐습니다. 그들이 공유지를 폐지하고 대지주에게 땅을 팔자 상품 작물의 대규모 재배가 가능해지면서 농업의 근대화가 이루어졌습니다. 하지만 '커먼즈'를 잃은 농민들은 몰락해 소작농이 되거나, 프롤레타리아가 되어 도시로 몰려들었습니다. '쇠사슬 말고는 잃을 것이 없는' 프롤레타리아가 대량으로 생겨난 덕분에 영국의 산업혁명이 가능했던 것입니다.

미국의 '홈스테드법'도 '인클로저'와 역사적 의미는 동일합니다. 서부 개척에 필요한 이민 노동력을 확보하려는 정책으로, 국유지에 5년간 정착해 경작하면 64만 제곱미터의 땅을 무상으로 준다는 내용이죠. 이 법이 1840년대부터 부분적으로 시행되자, 이에 혹해 유럽에서 수많은 이민자가 몰려들었습니다. 본국에서는 소작농 신세지만 미국에서는 5년만 땅을 경작하면 자영농이 될 수 있으니까요. 그렇게 신대륙으로 유입된 수백만 명의 노동력에 힘입어 서부 개척이 단숨에 진행되었습니다.

하지만 홈스테드법으로 말미암아, 누구의 것도 아니어서 자유로이 드나들고 사용할 수 있었던 서부 프런티어의 광활한 '공유지'는 사유지가 되어 버렸습니다. 어느 날 가 보니 철조망이 쳐져 있고, 땅 주인이 "내 땅에 들어오지 말라"며 총을 겨누는 일이 벌어진 것이지요. 그 혼란을 묘사한 작품이 바로 영화『셰인』입니다. 이 영화는 '공유지'에서의 방목권을 주장하는 카우보이와 '사유지'에서의 경작권을 주장하는 농부 사이의 싸움을 그린 이야기입니다. 이런 내용인 줄 모른 채 보셨을 수도 있는데, 원래 그런 이야기입니다.

주인공 총잡이 셰인이 농부 편에 서기 때문에 관객은 '농부는 선이고 카우보이는 악'이라고 생각하며 영화를 보겠지만, 카우보이 입장에서 보면 정반대입니다. 자유롭게 드나들던 땅에 어느 날 갑자기 농부들이 나타나더니 자신들의 생업을 위협하기 시작한 셈이니까요. 실제로 셰인이 농부 집에 머물며 가장 먼저 하게 된 일은 농지 둘레에 철조망을 설치하는 일이었습니다. '사유지이니 출입금지'라는 팻말과 함께 말입니다. 그러니 카우보이들이 분노하는 것도 무리가 아닙니다. 그들이 이 땅에 먼저 왔던 사람들이니까요. 갖은 고생 끝에 겨우 사람 살 만한 곳으로 만들어 놨더니, '이방인'들이 우르르 몰려와서는 '사유지이니 출입금지'라니요. 그게 무슨 말이냐며 결국 서로 총을 겨누게 된 겁니다. 그러니까 『셰인』은 의외로 깊은 뜻을 지닌 영화입니다. 과연 땅이란 '커먼즈'여야 하는가, 아니면 '사유물'이어야 하는가. 이런 근본적인 주제를 다루고 있지요.

확실히 땅을 공유하여 공동 관리하는 것보다는 개인이 사유하여 용도를 자유롭게 생각할 때 생산성이 높아집니다. 그저 막연히 펼쳐져 있던 황무지가 농부들의 노력으로 푸르른 밭이 되니까요. 그러니 자본주의적 관점에서 보면 '공유지'를 폐지하고 '사유지'로 전환하는 것이 당연한 일입니다. '공유지'를 사유화하는 것이 자본주의적으로는 정답입니다. 그래서 『셰인』이든 『집행자』든 『황야의 7인』이든, 마지막에는 농부가 이기고 떠돌이는 떠나갑니다. 하지만 수십 년이 지나 대공황이 닥

치자, 자영농은 자신들보다 훨씬 '효율적으로' 땅을 이용할 수 있는 자본가에게 '인클로저'당하고, 『분노의 포도』의 조드 일가처럼 프롤레타리아로 전락하고 맙니다.

1964년 도쿄 올림픽에서 제가 겪은 일은 근대 일본에서의 '인클로저'였다고 생각합니다. 아이들의 활동 반경이 순식간에 좁아지고, 자유로이 드나들던 공간이 사라졌습니다. 제게 도쿄 올림픽은 다른 게 아니라 '커먼즈를 잃은 경험'으로 남아 있습니다.

하지만 오늘날, 지방 곳곳에서는 '커먼즈의 재생'이 시작된 듯합니다. 고령화와 과소화가 진행되면서 토지나 건물을 사유재산으로 유지하기 어려워졌기 때문입니다. 사람이 살지 않는 집인데도 사유재산이라서 손댈 수 없습니다. 그런 폐가들이 줄지어 늘어선 상황입니다. 사람이 살지 않는 집은 방범, 방재, 공중위생 측면에서도 심각한 문제를 일으키지만, 소유자를 알 수 없거나 연락이 닿지 않으면 지자체도 함부로 처리할 수 없습니다.

그래서 한 가지 제안을 하고 싶습니다. 정말로 '지역재건'을 하겠다는 의지가 있다면, 차라리 '역逆 홈스테드 법'을 만들어 보면 어떨까요. 일정 기간 누구도 소유권을 주장하지 않는 집과 땅을 '커먼즈'로 지정하는 겁니다.

그리고 그곳에 살면서 5년간 생업을 꾸린 사람에게 거의 무상에 가까운 가격으로 양도하는 거죠. 저는 원래 땅이라는 것은 사유해서는 안 되는 자원이라고 생각합니다. 누군가가 일정 기간 관리 책임을 맡는 것은 괜찮지만, 땅은 절대로 사적인 물건이 아닙니다.

　미국 원주민에게는 '토지 소유'라는 개념이 없었습니다. 사유지라는 개념을 북미 대륙에 들여온 사람은 프랑스인 탐험가 로베르 드 라살입니다. 그는 몬트리올에서 배를 타고 미시시피강을 따라 내려오다가 주위를 둘러보더니 "이 일대는 전부 내 땅이다"라고 선언했습니다. 그리고 그 땅을 루이 14세에게 헌납했기 때문에 그 지역이 '루이지애나'라고 불리게 되었죠. 여기서 말하는 루이지애나는 지금의 루이지애나주가 아닙니다. 오대호에서부터 멕시코만까지, 애팔래치아 산맥에서 로키 산맥까지, 현재 미국의 13개 주에 해당하는 광대한 지역입니다. 그런 땅을 단 한 사람이 "배에서 봤으니까 내 땅"이라고 선언하고, 멋대로 왕에게 헌납하다니요. 이 얼마나 말도 안 되는 이야기입니까. 그런데 그 루이지애나는 1804년 나폴레옹 전쟁의 비용을 충당하느라 미국에 팔려 버렸습니다. 가격은 1500만 달러, 1제곱킬로미터당

14센트였습니다. 또 하나의 '어이없는 이야기'죠.

이런 '어이없는 이야기'들을 듣고 있으면, 땅이 사유재산이라는 개념이 얼마나 허구적인지 실감하게 됩니다. 그러니 이제는 땅의 사적 소유를 멈추는 것이 어떨까요?

기본소득을

제도로 성공시키려면?

Q. 2017년 1월, 핀란드는 실업자 2천 명을 대상으로 한 달에 560유로를 기본소득으로 지불하는 국가적 실험을 시작했습니다. 같은 해 5월에는 저커버그가 모교 하버드대 졸업식 축사에서 "누구나 새로운 것에 도전할 수 있는 쿠션을 제공하려면 기본소득 같은 아이디어를 모색해야 합니다"라고 했고요. 모든 사람에게 무조건 일정액을 지급하는 제도가 실제로 시행된다면 먹고살려고 일할 필요도 없을 텐데…… 그러면 무엇을 삶의 보람으로 삼아야 할까요?

AI로 인한 대규모 실업

기술 혁신은 때로는 산업을 소멸시키기도 합니다. 증기 기관의 발명으로 마차꾼이나 마구 판매인의 일자리가 사라졌고, 에너지가 석유 중심으로 전환되면서 석탄 산업이 붕괴되다시피 했지요. 이런 변화는 여러 차례 반복되어 왔습니다. 하지만 지금 AI가 초래할 대규모 실업은 지금까지와는 양상이 다릅니다. 많은 전문가가 AI 도입으로 전체 일자리의 30퍼센트가 사라질 것이라고 예측합니다. 게다가 지금까지의 산업 구조 변화와 달리 이번 변화는 훨씬 더 광범위하게, 그리고 단기간에 일어나리라는 전망입니다.

그 많은 노동자가 갑자기 길거리로 내몰려서는 안 됩니다. 직종 전환을 위한 재교육에는 시간이 필요하고, 그동안의 생활 지원은 국가에서 맡을 수밖에 없습니다. 그러지 않으면 사회가 대혼란에 빠지고 맙니다. 'AI로 대체될 가능성이 있는 업종을 택한 건 본인 책임'이라면서 과거 탄광 노동자나 자동차 제조 노동자에게 적용했던 냉혹한 내치기 정책은, 이런 대규모 실업 상황에서는 적용할 수 없습니다. 그랬다가는 생활보장 제도가 무너지고 소비가 얼어붙고 주가가 폭락하고 정부 통치력이 약화되고 치안까지 불안해지는 말기적 상황으로 치달을 것이 불 보듯 뻔합니다. 그래서 그 탐욕스러운 월가의 비즈니스맨조차도 이번만큼은 "국가가 세금을 투입해서라도 실업자를 구제해야 한다"고 말하기 시작했습니다(안 그랬다가는 미국 경제가 파탄 나고 자기들도 길거리로 내몰릴지 모르니까요). 미국의 경제 전문가들이 기본소득을 진지하게 논의할 날이 오리라고는 생각지도 못했습니다. 과학기술의 진보가 자본주의 경제의 기반을 파괴할 정도로 대규모 실업을 초래할 줄은, 몇 년 전만 해도 누구도 예상하지 못했을 겁니다.

기본소득은 대규모 실업이라는 위기에 대응하는 합리적인 방안이라고 생각합니다. '이것밖에 없다'고 생각하진 않지만 충분히 고려할 만한 선택지입니다. 다만 한 가지 큰 문제가 있습니다. 바로 '국가가 먹여 살린다'는 사실이 초래할 도덕적 해이입니다. 일본에서도 생활보호 대상자는 '복지 무임승차'를 한다고 거센 비난을 받습니다. 이런 논쟁이 좀처럼 사그라들지 않는 것은 '세금으로 부양받는 데에 익숙해져 노동 의욕을 잃은 인간'이 분명히 존재하기 때문입니다.

일본의 생활보호 부정수급은 총 수급액의 0.4퍼센

트 수준으로, 제도상으로는 오차 범위나 다름없는 수치에 불과합니다. 그럼에도 불구하고 생활보호 대상자를 향한 공격이 멈추지 않는 것은 '세금으로 부양받는 데에 익숙해져 노동 의욕을 잃은 인간'에 대한 공포와 혐오가 그만큼 깊기 때문이라고 생각합니다. 그리고 안타깝게도 이 공포와 혐오에는 선례가 있습니다.

비틀스와 언더 클래스

영국 국민은 1945년 선거에서 세계대전을 승리로 이끈 보수당의 처칠 대신 노동당의 애틀리에게 정권을 맡겼습니다. 그러자 '요람에서 무덤까지'라고 불리던 고복지 시대가 시작됩니다. 이 고복지 제도 덕분에 노동자 계층 아이들도 그동안 꿈도 못 꾸던 연극·음악·미술·패션·미디어 같은 업종으로 진출할 수 있게 됐지요.

브래디 미카코의 저서 『아이들의 계급투쟁』에 따르면, 비틀스를 정점으로 하는 1960년대 영국의 문화적 황금기는 고복지 제도의 역사적 성과라고 합니다. 이 제도를 통해 노동자 계층 아이들이 이전에는 접근할 수 없었던 문화 영역으로 진출할 수 있었기 때문이지요. 이것은 영국 복지 제도의 '밝은 면'입니다. 하지만 똑같은 제도가 '어두운 면'도 만들어 냈습니다. 그것이 '언더 클래스'under class입니다. 영국에는 전통적으로 '미들 클래스'와 '워킹 클래스'라는 계급이 있습니다. 그러나 고복지 제도와 대처리즘은 그 밑에 언더 클래스라는 '카스트 바깥' 계층을 만들어 내고 말았습니다.

오언 존스의 『차브: 영국식 잉여 유발 사건』에는 '언더 클래스' 탄생 경위가 자세히 적혀 있습니다. 대처 시대의 구조 개혁으로 탄광 노동자를 비롯한 실업자가 대규모로 발생했습니다. 그러나 대처는 "사회라는 것은 존재하지 않는다"고 공언하더니, 사회적 성공도 실패도 모두 본인 책임이니 실패자가 공적 지원을 요구하는 것은 부당하다며 약자를 내치기 시작했지요. 그런데 어떻게 된 일인지, 부유층을 우대하고 빈곤층에게 더 큰 부담을 강요하는 대처리즘을 많은 노동자가 지지했습니다. 노동자 '계급'이란 존재하지 않으며, 향상심을 품은 '좋은' 노동자와 빈곤을 감수하는 '나쁜' 노동자만 존재한다는 대처의 사상에 공명하는 '향상심을 품은' 노동자가 현실에 아주 많이 있었던 거죠. 그들은 가난한 노동자를 내치는 정책을 지지했습니다. 대처 이후에도 보수당 정권이든 노동당 정권이든 워킹 클래스 분리를 계속 진행했고,

그렇게 내쳐진 사람들이 '언더 클래스'가 되었습니다.

영국의 복지 제도는 전후부터 시작해서 오늘날까지 '선심'과 '긴축'을 아무 원칙 없이 반복해 왔습니다. 일관성이라고는 찾아볼 수 없는 정책을 펼쳐 왔죠. 그 와중에 딱 한 가지 분명한 점은, 생활보호를 받지 못하면 살아갈 수 없는 최빈곤층이 차별과 배제의 대상이 되어 사회 밑바닥으로 내려앉고 '닫힌 집단'으로 전락했다는 사실입니다. 조부모 대부터 3대 연속 생활보호 대상자가 된 사람들을 보면, 주위에 취업 경험이 있는 사람이 없습니다. '일해서 돈을 번다'는 것의 의미를 잘 모르고, 근로자의 상식도 알지 못합니다. 아침에 정해진 시간에 일어난다든가, 남들이 보기에 흉하지 않은 복장을 한다든가, 사람을 만나면 인사한다든가, 그런 기본적인 생활 습관조차 학습할 기회가 없습니다. 늘 운동복 차림에 머리는 스킨 헤드, 온몸에 문신을 하고, 아침부터 술을 마시고, 약에 취해 있고, 학교도 다니지 않습니다. 10대에 아이를 낳아 싱글맘이 되기도 하고요. 이런 식으로 살아가는 사람들이 영국 어디에나 있습니다. 이런 환경에서 자란 아이에게는 이제 사회적 상승의 기회가 거의 오지 않습니다. 하지만 무위도식과 게으름을 허용할 수 없다며 생활보호를 중단해도(실제로 보수당의 카메론 총리 시절에 생활보호 예산이 대폭 삭감되었죠), 그들의 취업 의욕을 불러일으킬 수는 없었습니다(취업하고 싶어도 일할 능력이 없으니까요).

사회복지 예산 삭감의 첫 번째 희생자는 아이들이었습니다. 생활력 없는 부모를 둔 아이들을 위한 급식이나 탁아소에서의 공적 돌봄이 중단되면서, 아이들은 사회적 훈련의 기회를 빼앗기는 것을 넘어 아사 위험에까지 노출되었습니다. 이것이 영국의 전후 복지를 둘러싼 현상입니다. 사회복지 제도의 효과라는 것은 그 혜택을 누린 세대의 자녀 세대까지 시야에 넣지 않으면 그 성패를 알 수 없습니다. 전후의 고복지 제도는 비틀스와 롤링스톤스, 스윙잉 런던*을 탄생시켰지만, 대처리즘은 언더 클래스를 만들어 냈습니다. 하지만 고복지 제도는 재정 파탄을 야기하며 국민의 지지를 잃었고, 대처의 '자기책임론'은 압도적 지지를 받았습니다. 영국 유권자들은 자신들에게 이익이 되는 정책을 싫어하고 자신들을 위험에 빠뜨리는 정책을 선호했습니다. "빈곤은 자기 책임"이라는 단언이 제법 통쾌하기도 했겠지요. 일본에도 그런 사람이 많이 있습니다. 나 자신이 언제 빈곤층으로

* 경제 성장에 힘입어 1960년대 중반 런던에서 젊은 세대 주도로 일어난 문화적 흐름. 자유롭고 혁신적인 패션과 음악, 예술이 번성했다.

전락할지 모르는데도 "빈곤은 자기 책임이다. 세금으로 부양해서는 안 된다"고 주장하는 사람이 많습니다. 지금 집권 여당 지지자 대부분이 그렇습니다. 그동안 저는 그 이유를 잘 몰랐는데요. 이 책을 읽고 '세금으로 부양받는 인간'에 대한 혐오와 증오가 국경을 넘어 깊이 뿌리내려 있다는 사실을 깨달았습니다.

기본소득이 도입되면 최소한의 생활이 보장됩니다. 다른 쪽을 절약하면 재원도 어떻게든 마련될 겁니다. 문제는 그 '다음'입니다. 일하지 않아도 먹고살 수 있다는 걸 알게 된 사람이 소파에 누워 감자칩을 먹으면서 TV를 보거나 게임을 하며 평생을 허비할 것인지, 자기 계발이나 창조적인 활동을 하며 시간을 활용할 것인지는 각 개인이 결정할 일이지 정부가 이래라저래라 명령할 일이 아닙니다.

하지만 지금의 일본에서는 '일하지 않아도 먹고살 수 있는' 제도를 정비하면 상당수가 무위도식 쪽으로 무너져 내릴 것 같습니다. 많은 사람이 생활보호 대상자를 두고 '놀고 있다'고 매도하기 때문입니다. 그 말인즉, 그렇게 매도하는 쪽이 직장을 잃고 생활보호 대상자가 되면 지금까지 해 온 주장의 정당성을 입증하고자 '뒹굴뒹

굴 무위도식'하는 모습을 보일 수밖에 없다는 뜻입니다. 세금의 혜택을 받으면서 무위도식하지 않으면 본인의 주장이 틀렸다는 뜻인데, 그래서는 곤란하니까요. 그래서 생활보호에 반대하며 "무임승차를 허용하지 말라"고 외치던 사람은 남보다 앞장서서 '무임승차자'가 되어야만 말의 앞뒤가 맞습니다. 그러니 분명히 무위도식하게 될 거라고 생각합니다. 어쩌면 영국의 '언더 클래스'도 그런 심리 작용의 귀결일 수 있습니다(잘은 몰라도 있을 법한 이야기입니다).

기본소득 제도의 성패는 제도 설계의 정밀함만으로 결정되지 않습니다. 개인의 의지나 노력만으로 좌우되지도 않습니다. 제가 보기에 핵심은 그 사회가 얼마나 개방적이며 사람과 자원이 얼마나 자유롭게 이동할 수 있는가, 즉 사회적 유동성이 확보되어 있는가에 달렸습니다. 유동성이 높은 사회라면, 기본소득뿐 아니라 대부분의 사회복지 제도가 효과적으로 작동합니다. 반대로 유동성이 낮은 사회에서는, 기본소득 혹은 다른 복지 제도를 아무리 정교하게 만들어도 제대로 기능하기 어렵습니다. 저는 복지 정책의 성패를 가르는 진짜 요인은, 설계의 정밀함이 아니라 '유동성을 받아들일 수 있는 사회

구조'의 존재 여부라고 생각합니다.

복지 제도로 사회적 약자를 보호하는 것은 물론 좋은 일입니다. 하지만 복지 혜택을 받는 대가로 공공자금으로 생활하는 것에 대해 굴욕감을 느끼도록 강제하는 제도라면 바람직하지 않습니다. 그런 제도는 없는 게 낫지요. 사회적 유동성이 부족한 사회에서 복지 제도는 시혜에 지나지 않습니다. 시혜를 받는 사람들은 그 대가로 최하층에 머물며 굴욕을 감수하라고 강요받습니다. 이들은 복지 수혜자라는 대가로 향상심과 근로 의욕 자체를 박탈당합니다. 영국의 사례가 본보기입니다.

'언더 클래스'가 굳어지는 이유는 사회가 그들의 사회적 상승을 허용하지 않는 배제의 힘을 작동시키기 때문입니다. 동시에 '언더 클래스' 쪽에도 현재 지위에 매달려 있으려는 '고집' 같은 것이 작용합니다. 배제하는 쪽도 배제되는 쪽도 서로 분리되어 있다는 사실에 동의하는 거죠. 그러면 사회적 유동성이 높아질 리가 없습니다.

경직된 시스템 문제를 개인의 노력만으로 해결하라는 것은 무리한 요구입니다. 개인이 감당할 수 있는 일이 아닙니다. 제도 자체를 바꿔 나가야 합니다. 이는 사회복지 제도에서 세금으로 도움받는 사람에게 굴욕감을 주어서는 안 된다는 의미입니다. 그런데 '복지 제도의 수익자는 굴욕감을 느껴야 한다' '혜택받는 것을 부끄러워해야 한다'고 생각하는 사람, 그렇게 공언하는 사람이 실제로 적지 않습니다. 그러나 그런 인식이 허용된다면 복지 제도는 본래 취지에서 벗어나고 맙니다. 복지란 다음 세대에게 기회를 주는 제도여야 하기 때문입니다. 그 제도 덕분에 '다음 세대' 사람들이 부모 세대가 받을 수 없었던 학교 교육을 받거나, 부모 세대와는 인연이 없던 악기나 그림이나 컴퓨터나 연예나 스포츠 활동에 참여하거나, 부모 세대에게는 문이 닫혀 있던 업계에 진입할 수 있는 것, 이게 바로 사회복지 제도의 본뜻이라고 저는 생각합니다. 사회복지는 2세대에 걸친 성과를 고려하는 제도여야 합니다.

사회적 유동성을 높이려면 사회복지 제도가 필요합니다. 그렇기에 공적 부양의 대가로 "부끄러워하라" "분수를 알라" "네가 지금 못 박혀 있는 최하층에서 나오지 말라"고 수급자에게 요구한다면, 그런 제도는 변변치 못한 제도라는 말씀을 드리는 겁니다.

기본소득 제도의 성공 여부를 결정하는 것은 제도

자체의 합리성이 아닙니다. 그 제도를 도입하는 사회 자체가 얼마나 개방적이고 유동적인지, 타자에게 얼마나 관용적이고 얼마나 따뜻한지에 달렸을 겁니다.

21세기의 랑티에가 되어라

기본소득이 사회에 미치는 영향을 생각할 때 한 가지 참고할 만한 사례는 근대 유럽에 존재했던 '랑티에'(연금 또는 이자 생활자)입니다.

잘 알려지지 않은 사실인데, 유럽에서는 17세기부터 20세기 초까지 약 250년 동안 화폐 가치가 크게 변동하지 않았습니다. 그래서 3~4대 위의 조상이 장만한 석조 저택에서 대대로 물려받은 가구와 집기를 쓰면서 유산의 국공채 금리만으로도 평생 일하지 않고 살 수 있었습니다. 이른바 '고등실업자'라는 신분이지요. 교육도 웬만큼 받고, 교양도 있고, 적은 돈으로 생계를 꾸려야 하지만 시간은 무진장 있는 사람이 '랑티에'입니다. 그들은 동시대의 새로운 예술 운동이나 학술이나 모험의 최대 지원자이자 실행자였습니다. 재미있는 연극이 나왔다는 말을 들으면 보러 갑니다. 재능 있는 시인이 등장하면 낭독회를 기획합니다. 새로운 철학이 나타나면 밤

새워 토론합니다. 극지 탐험 이야기에도, 암흑대륙으로 가는 이야기에도, 성층권에 기구를 타고 올라가는 이야기에도 랑티에가 빠지지 않습니다. 무슨 일에든 가장 먼저 달려드는 이들이 바로 이 '랑티에'였습니다. 어쨌든 한가하고, 적게나마 돈이 있고, 새로운 것을 좋아하니까요.

　『주홍빛 연구』의 셜록 홈스도, 『도둑맞은 편지』의 오귀스트 뒤팽도, 『거꾸로』*의 데 제상트도, 누구 하나 생계를 위해서는 일하지 않습니다. 그런데 근대 유럽의 문예와 학술을 뒷받침한 존재가 바로 이들입니다. 랑티에 없이는 유럽 근대 지성의 역사를 이야기할 수 없습니다. 하지만 이 랑티에 집단은 제1차 세계대전 발발과 동시에 사라집니다. 화폐 가치가 뚝 떨어지면서 이자만으로 생활하는 것이 불가능해졌거든요. 전쟁 기간 동안 유럽의 문학과 철학이 '불안'과 '위기'만 다루며 그토록 암울해진 것은 랑티에의 소멸과 관계가 있다고 생각합니다. 문학과 철학을 담당했던 랑티에, 즉 '한가하고, 돈이 좀 있으며, 평생 좋아하는 일을 하며 살 수 있었던 호사가'들이 더는 그런 삶을 영위할 수 없게 됐고, 몰락하고

---

* 1884년에 출간된 프랑스 작가 조리스-카를 위스망스의 소설로 데카당스 문학의 대표작으로 평가된다. 주인공 데 제상트는 귀족 출신의 퇴폐적인 괴짜로, 세상을 혐오하고 은둔 생활을 하며 극단적 취향과 미적 집착으로 자신만의 세계를 구축하려 한다.

궁핍해져 결국 생계를 위해 박봉의 봉급 생활자가 될 수밖에 없었으니까요. 그러니 그들이 얼마나 슬퍼하고 분노했을까요?

저는 기본소득 수급자 중 일부는 '21세기의 랑티에'가 되어 달라고 제안하고 싶습니다. 돈은 빠듯할지라도 시간과 호기심과 모험심만큼은 넘쳐나는 사람들이 일정 정도 존재한다면 이 사회에 신선한 공기를 불어넣는 데 큰 도움이 됩니다. 그들이 사회에 가져오는 '플러스'가 제도에 의존해 무위도식하는 사람들이 가져오는 '마이너스'보다 조금이라도 크다면, 기본소득 제도가 성공했다고 판단해도 좋을 겁니다.

Q. 일본 정부가 2020년 4월부터 '고등교육 무상화'를 시행한다고 하는군요. 연소득 270만 엔 미만의 주민세 비과세 가정은 사실상 수업료가 면제되지만, 연소득 350만 엔 이상의 가정은 제외되기 때문에 '고등교육 무상화'의 혜택은 극히 일부만 누릴 뿐입니다. 프랑스는 대학까지 학비가 공짜인 것으로 유명한데, 왜 일본은 진정한 '고등교육 무상화'를 실현하지 못할까요?

예전엔 대학 학비가 정말 쌌다

고등교육 무상화는 일본의 미래를 위해 꼭 필요한 정책이라고 생각합니다. 하지만 이번처럼 일부만 손본 제도를 함부로 '무상화'라고 부르지는 말았으면 좋겠네요. 가장 인구가 많은 연소득 400만 엔대는 아예 제외됐고, 심지어 대학에 '산업 현장에서 일해 본 실무 경험자를 교원으로 채용하라'는 조건까지 붙였죠. 이런 복잡한 신청 조건을 없애고 전면 무상화를 하는 게 훨씬 낫습니다.

예전엔 학비가 정말 쌌습니다. 제가 입학한 1970년, 국립대학 학비는 연 1만2천 엔이었습니다. 월 1천 엔꼴입니다. 입학금은 4천 엔, 학기당 수업료는 6천 엔이었으니, 만 엔짜리 지폐 한 장으로 대학생이 될 수 있었죠. 물론 지금과는 물가가 달랐지만, 대학 1학년 때 학원 아르바이트 시급이 500엔이었으니까 두 시간만 일하면 한 달 수업료를 벌었어요. 그래서 국공립대학이라면 부모의 지원 없이도 자력으로 공부할 수 있었습니다. 사립대학 학비도 연간 10만 엔 정도라서 아르바이트하는 친구 중에는 부모님께 용돈을 보내는 사람도 있었지요.

그런데 이 '자립 공부' 시스템에는 사실상 기존 질서를 뒤흔드는 요소가 내포되어 있었습니다. 1960년대 말부터 전국적으로 학생 운동이 확산한 이유 중 하나는, 자식의 행동을 부모가 통제할 수 없었기 때문입니다. 자식 스스로 학비를 낼 수 있었으니까요. 부모가 간섭하면 자식은 "좋아, 내가 학비 낼 테니 더는 간섭하지 마"라고 큰소리칠 수 있었던 거죠. 지방에서 온 학생들은 대개 명절에만 고향으로 돌아갔고, 부모는 자식이 대학에서 뭘 하는지 전혀 알 수 없었습니다.

그래서 학생 운동이 수그러든 뒤, 정부 내부에서는 자연스레 '앞으로 학생들을 어떻게 통제할 것인가?'를 고민하게 됐습니다. 다음은 그때 나온 두 가지 아이디어입니다.

첫 번째는 캠퍼스를 교외로 옮기는 겁니다. 당시에는 도쿄의 오차노미즈 일대에 대학이 밀집해 있었고, 학생들은 캠퍼스를 자유롭게 드나들며 강의실이나 동아리방을 활동 거점으로 활용했습니다. 그러니 학생 운동을 억제하려면 학생들을 분산시키고 캠퍼스를 마음대로 드나들지 못하게 해야 했죠. 그래서 나온 비책이 바로 캠퍼스 교외 이전입니다. 인적이 드문 교외에 철근 콘크리트 고층 건물을 짓고, 거기다 학생들을 가둬 놓고 출입은 카드로 통제하는 방식으로 바뀐 거죠.

두 번째는 수업료 인상입니다. 1970년대에 들어서자마자 국립대 수업료가 3배 인상됐습니다. 재정적 필요에 따른 것도 아닙니다. 당시 일본은 고도성장기 한복판에 있었습니다. 정부가 막대한 세수를 확보하던 시절이었죠. 월 1천 엔이던 국립대 학비를 3천 엔으로 올려야 할 재정적 이유는 전혀 없었습니다. 수업료 인상의 목적은, 국가 재정 확보가 아니라 부모의 지갑을 직격하려는 것이었습니다. 이후에도 수업료는 계속 인상되어 지금은 국립대 수업료가 연 54만 엔, 입학금이 28만 엔입니다. 비정규직으로 연 300~400만 엔을 버는 부모에겐 너무 큰 부담이죠. 자녀에게도 마찬가지입니다. 고등학생이 80만 엔을 마련하기란 불가능하니, 대학에 가고 싶으면 부모에게 손을 벌릴 수밖에 없습니다.

월 수업료 5만 엔을 내려면 시급 1천 엔짜리 아르바이트를 50시간 해야 합니다. 제가 학생 때는 두 시간만 일하면 됐는데, 이제는 대학 교육을 받기 위한 노동 시간이 25배로 늘어난 셈입니다. 이쯤 되면 '자립 공부'는 불가능하죠.

수업료 인상으로 바뀐 두 가지

먼저, 진로 선택권이 부모에게 완전히 넘어갔습니다. 1만 엔으로 국공립대에 입학할 수 있었던 시절엔, 대학과 학과 선택에서 부모와 의견이 달라도 자녀가 스스로 결정할 수 있었습니다. "내가 돈 내면 돼"라고 말할 수 있었으니까요. 하지만 학비가 오르면서 점차 그런 선택이 불가능해졌습니다.

두 번째로는 학생에 대한 감시가 강화되었습니다. 이제 상당한 '교육 투자'를 해야 하니 부모는 투자한 만큼 회수해야겠다는 생각이 들죠. 그래서 자녀가 제대로 공부하고 있는지, 학점을 잘 따고 있는지, 4년 안에 졸업할 수 있는지 등을 꼼꼼히 확인하게 됐습니다.

결국 수업료 인상의 목표는 한마디로 '학생에게서 대학 생활의 자기 결정권을 빼앗기'였습니다. 수십만 명을 일일이 감시하는 건 대학도 정부도 불가능합니다. 그럴 인력도 없고요. 그런데 수업료를 대폭 인상하면, 부모가 대신 감시해 줍니다. 정부는 수업료 인상이라는 방식으로 학생 통제를 아웃소싱하면서 관리 비용을 대폭 줄인 셈이죠. 당시 문부성에는 꽤 머리 좋은 사람들이 있었던 겁니다.

그래서 지금도 정부가 수업료를 정하는 기준은 '학생은 죽어라 아르바이트를 해도 못 내겠지만 부모가 무리하면 간신히 낼 수 있는 수준'이라고 봅니다. 그렇게 되면 아이는 18세가 됐을 때 '아무리 부당해도 돈을 쥔 부모의 말에 따르지 않으면 진학할 수 없다'는 인생 첫 패배를 맛봅니다. 이 과정을 통해 '강한 자에게 굴복하라' '돈 있는 녀석이 이긴다'는 인생 철학이 몸에 뱁니다. 정부로서는 이런 귀찮은 국민 길들이기 업무를 부모가 대신해 주니 이보다 편할 수 없습니다.

그 결과, 일본 정부는 학생 통제에 성공했고 대학은 정치 활동의 거점 역할을 할 수 없게 됐습니다. 하지만 동시에 일본 대학의 학문적 생산성도 급격히 떨어졌습니다. 당연한 일입니다. 자립 공부가 불가능해졌으니까요.

수업료가 무료였다면

자립 공부란, 부모나 선생님, 주변 사람 모두 "그런 대학, 그런 과는 가지 마"라고 해도 따르지 않고 자신이 원하는 학문을 선택하는 것입니다. 자립 공부가 가능했던 시대엔 가고 싶은 학과를 스스로 고를 수 있었습니다. 물론 당시에도 부모는 지금처럼 실용 학문을 원했지만, 자녀는 따르지 않을 수 있었죠. '철학을 하고 싶다' '영화를 만들고 싶다' '천문학을 하고 싶다' '수메르어를 배우고 싶다'면서 돈이 안 될 법한 비실용적 분야를 자유롭게 택했습니다. 아이들이란 원래 그런 존재니까요.

당시 수업료는 사실상 무상에 가까웠기 때문에, 부모나 교사의 '투자 회수'라는 계산에서 자유로웠습니다. 덕분에 우리는 정말 하고 싶은 학문을 선택할 수 있었습니다. 제 부모님은 저를 법학부에 보내고 싶어 했지만, 저는 문학부 불문과라는 전혀 실용적이지 않은 전공을 택했습니다. 그렇게 무모한 선택을 아무렇지도 않게 할 수 있었던 건, 부모가 반대해도 제가 스스로 수업료를 낼 수 있었기 때문입니다. 하지만 지금은 그게 안 됩니다. 그래서 상당수가 원하지 않는 학과를 택합니다. "정말 가고 싶은 과는 아니지만, 거기가 아니면 부모님이 돈을 안 대 주겠다는데 어쩌겠어." 이렇게 되는 거죠.

이런 원망은 아주 깊습니다. 원치 않는 진로를 강요한 부모에게 잘못을 깨닫게 하는 가장 효과적인 방법은, '헛돈 썼다'고 후회하게 만드는 겁니다. 매일 불만스러운 얼굴로 등교하고, 성적은 바닥을 치고, 졸업은 했지만 남은 지식이나 기술은 전혀 없다는 걸 보여 주는 겁니다. 그리고 실제로 아이들은 그렇게 하고 있습니다.

정말로 무상화가 된다면

일본 대학의 학비가 전면 무상화된다면, 아이들은 각자 원하는 전공을 선택할 겁니다. 무상화의 첫 번째 수혜자는 '좋아하는 학문을 할 수 있는' 아이들입니다. 아이들뿐만 아니라 일본 사회 전체가 수혜자가 됩니다. 물론 학비가 공짜라도 부모나 교사는 '그런 전공으로는 먹고살기 힘들다'고 충고할지도 모릅니다. 그래도 아이들은 반대를 무릅쓰고 가고 싶은 분야를 선택할 겁니다. 그럴 경우 자신의 선택이 옳았다는 걸 입증하는 방법은 단 하나. 하루하루 즐겁게 학교에 다니고, 좋은 성적을 받고, 전문 지식과 기술을 익힌 다음 "봐, 여기 들어오길 잘했지?"라고 당당하게 말하는 거죠.

지금 학생들이 공부하지 않는 건 게으르거나 마음이 흐트러져서가 아닙니다. '공부하지 않으려고' 애쓰는 겁니다. 부모에게 인생의 주도권을 빼앗긴 데 대한 분풀이죠. 물론 무의식적으로 그러는 거라서, 이런 지적을 받으면 본인도 놀라겠지만요.

그래서 저는 대학 교육을 반드시 무상화해야 한다고 생각합니다. 그렇게 되면, 수십만 젊은이가 "그런 거 해 봤자 먹고살 수 없다"는 저주를 퍼부은 사람들에게 "두고 보라!"는 각오로 필사적으로 공부할 겁니다. 그 결과 일본의 집단적 지적 역량도 한층 높아지겠죠. 이 지경으로 쇠퇴한 일본의 국운을 V자 반등시킬 유일한 방법은 '고등 교육의 전면 무상화'입니다. 저는 이 주장을 소리 높여 외치고 싶습니다.

지금 이 시대에 걸맞은

새로운 이념이 과연 있을까?

Q. 선을 넘은 글로벌리즘에 대한 반작용으로, 반反글로벌리즘 바람이 거세게 몰아치고 있습니다. 자유와 평등은 여전히 보편적인 가치로 여겨지지만, 트럼프는 '미국 우선주의'를 내세우고 유럽에서도 극우 세력의 대두가 두드러집니다. 일본 역시 우익 성향 집단의 영향력이 강해진 지 오래고요. 그렇다면 지금 이 시대에 걸맞은 새로운 이념이란 과연 존재하는 걸까요?

국적을 따지는 것이 무의미해진 시대

"모든 사람은 평등하게 창조되었고, 창조주로부터 생명과 자유, 행복을 추구할 권리를 부여받았다"는 미국 독립선언문의 이상은 정말로 훌륭하다고 생각합니다. 하지만 안타깝게도 이 선언은 미국이라는 하나의 국가, 그것도 일부 국민에게만 적용되었습니다. 독립선언문 발표 당시의 현실을 보면 많은 흑인이 여전히 노예 신분이었고, 그들이 '평등'을 요구할 수 있기까지는 200년이라는 세월이 더 필요했습니다(그리고 지금도 그들은 '평등'을 획득하지 못했습니다).

독립선언서나 미합중국 헌법이 내건 이상을 미국은 아직 현실로 구현하지 못했습니다. 오히려 건국 당시의 이상을 포기하는 방향으로 역주행하고 있다고도 할 수 있죠. 상식적으로 생각할 때, 인류의 이상이란 지구상의 모든 사람이 기본적인 삶의 조건을 충족하고, 자존감을 지니며 즐겁게 살아가는 것이 전부라고 봅니다. 바라는 바는 모두 같겠지만 그 목표를 이루는 경로는 국가나 지역마다 다릅니다. 어떤 길을 선택할지는 개별적인 정치단위에 맡길 수밖에 없을 텐데, 현재로서는 '국민국가'라는 장치를 그 단위로 간주하고 있습니다.

국민국가라는 것은 아이디어 차원에서 보면 꽤 잘 만들어진 체계입니다. 그러니 베스트팔렌 조약 이후 지금까지 350년이나 유지되어 왔겠죠. 하지만 국민국가란 어디까지나 몇 가지 역사적 조건이 맞아떨어진 덕분에 성립된 정치적 의제擬制에 불과합니다. 조건이 바뀌면 더 이상 기능하지 못하고 붕괴에 이를 수 있고, 그렇게 되면 새로운 환경에 적응한 다른 정치단위가 등장할 겁니다. 이는 역사의 필연입니다. 국민국가가 등장하기 전 유럽의 지배자였던 칼 5세는 신성로마제국 황제이자 스페인 국왕이었고, 플랑드르에서 태어나 파리에서 생활했습니다. 그의 '국적'이 어디인지, 어느 '국가' 소속인지 논하는 것은 아무런 의미가 없습니다. 이와 마찬가지로 '국적을 묻는' 행위 자체가 무의미해지는 시대가 언젠가는 오고 맙니다. 아니, 이미 오고 있습니다.

이미 지구의 몇몇 지역에서는 내전이나 난민화에 의해 '국민국가'가 현실성을 잃어 가고 있습니다. 유엔이나 영향력 있는 국민국가들은 이 난제를 '국민국가의 재건'을 통해 해결하려 하지만, 제 생각에 그건 불가능한 일입니다. 문제가 생겨난 것은 해당 분쟁 지역의 국민국가 제도 설계 자체에 결함이 있기 때문이니까요. 따라서 제도 자체를 바꾸지 않고서는 해결책이 나올 수 없습니다.

'함께 아파했던' 눈물이 『자본론』을 쓰게 했다

지금 우리가 살아가는 이 시대에는, 세계 70억 인류가 공유할 수 있는 '정치적 이상'이라는 것이 더 이상 존재하지 않습니다. 과거 동서 냉전 시대에는 공산주의와 자유주의 중 어느 쪽이 인류의 '이상'인가를 놓고 경쟁했습니다. 그런데 소련의 붕괴로 국제 공산주의 운동은 끝났고, 그 이후로는 누구도 인류의 이상에 관해 이야기하지 않게 되었습니다.

지금도 많은 사람이 '인권'이나 '정치적 올바름'을 주장하고 있지만, 그런 가치가 어떤 운동이나 조직을 통해 실현될 수 있는지에 대해서는 통일된 견해가 존재하지 않습니다. 나아가 그런 주장이 지나치게 공격적이고 비관용적인 방식으로 표출되면서 사람들은 큰 스트레스를 받게 됐죠. '정의' 또한 너무 엄밀하게 적용하면 오히려 살아가기 힘든 사회가 됩니다. 딱딱하고 억압적인 정의보다는, 속마음을 솔직하게 드러낸 악의나 욕망이 오히려 '인간답게' 느껴지는 상황도 벌어집니다. 미국이

'세계의 경찰관' 역할을 그만두고 싶다고 말하기 시작한 이유도 단순히 '경찰관' 임무 수행에 드는 막대한 군사적·재정적 비용 때문만은 아닐 겁니다. 그보다는 언제나 '아름다운 말' '깨끗한 말'만 해야 한다는 데에 미국 국민이 염증을 느꼈기 때문이라고 생각합니다. 트럼프 역시 바로 그런 흐름 속에서 등장했고요.

오늘날 '정의'는 왜 호소력을 잃었을까요? 아마 '정의'가 지나치게 '정의롭기만' 할 때 생겨나는 해독害毒에 너무 무감각했기 때문일 겁니다. 어떤 정의든 간에 인간적인 감정에 의해 완화되고 모서리가 깎여 나가지 않으면 그것은 정의로서 실현되지 않습니다. '인권'이든 '평화'든 '관용'이든 '환대'든, 그런 이상을 구체적인 형태로 실현해 내려면 그 바탕에는 반드시 '측은지심'이 있어야 한다고 저는 생각합니다.

마르크스를 공산주의로 이끈 것도 당시 유럽 노동자들의 고통스러운 일상에 대한 생생한 공감이었습니다. 노동자들이 처한 지나치게 비참하고 가혹한 노동 환경을 보며 '함께 아파했던 눈물'이 마르크스로 하여금 『자본론』을 쓰게 만들었습니다. 하지만 혁명가들은 바로 그 눈물이 자신들의 이론과 운동의 출발점이었던 사실을 어딘가에서 잊고 말았습니다.

정치적 이상은 자기 목적을 위한 수단으로 변질되기 마련입니다. 모두가 행복한 사회를 실현하려면 그 과정에서 몇몇이 고통받거나 희생되는 일은 '정의의 비용'이니 신경 쓰지 않아도 된다는 왜곡된 사고방식이 생겨나고 맙니다. 그렇게 전도된 정의만큼 다루기 어려운 것도 없습니다.

그러니 아무리 고귀한 정치적 이상을 내건 운동일지라도, 살아 있는 인간의 약함이나 어리석음, 사악함에어느 정도는 관용을 베푸는 태도가 필요하다고 생각합니다. 우리에겐 "그럴 수도 있지, 뭐"라고 말할 수 있는느슨함이 필요합니다.

어른이 아이의 뒷수습을 한다

저는 정치적 이상이 지금까지 실현되지 못한 이유가 지나친 불관용에 있다고 생각합니다. 자기 의견에 조금이라도 반대하거나 동조하지 않는 사람에게 정치적 이상을 말하는 사람들이 가하는 격렬한 단죄. 그런 태도야말로 '살기 편한 사회'의 실현을 멀어지게 만들었습니다.

인간의 나약함, 어리석음, 사악함을 그냥 내버려 두

라는 이야기가 아닙니다. 그런 성질은 처벌과 억압의 대상이 아니라 교화와 치유의 대상이라고 말씀드리는 겁니다. 경우에 따라서는, 처벌보다 포용이 폭력성과 공격성을 억제하는 데 더 효과적일 수 있습니다.

　모든 사람이 선량하고 현명해야만 제대로 굴러가는 사회라면, 그 사회는 제도 설계 자체가 잘못된 것입니다. 일정 수의 '어른'이 존재하고 그들이 자기 멋대로 구는 '아이들'의 행동을 대신 수습해 주는 것. 그것이 '보통'의 인간 사회입니다. 한쪽에서는 자기 지갑을 열고, 다른 쪽에서는 거기에 기대는 것. 어쩔 수 없는 일입니다. 그들이 '악인'이라서 기대는 게 아닙니다. 노인이든 권력자든 갑부든, 모두가 이기적으로만 행동하면 공동체는 유지되지 않는다는 사실을 이해하지 못하는 '아이'일 수 있습니다. 그런 유아성은 처벌이 아니라 교화와 치유를 해야 합니다.

　"그렇다면 '자기 지갑을 여는 사람'은 어떻게 확보할 수 있는가?"라고 날카롭게 반문할 분도 계시겠지요. 그렇습니다. 그런 '어른'을 제도적으로 확보하는 것은 불가능합니다. 사람을 억지로 '어른'으로 만들 수는 없는 노릇이니까요. 그저 '어른'이 기꺼이, 즐겁게 '자기 지갑을 여는' 모습을 '아이들'에게 보여 줄 수밖에 없습니다. 그 모습을 보고 "어라, 재밌어 보이네"라고 느끼는 '아이들' 가운데서 다음 '어른'이 나올 때까지 기다리는 수밖에요.

저는 미국의 쇠퇴는 이제 멈출 수 없는 흐름이라고 생각합니다. 지금 미국에서는 대통령부터 비관용적 정치 목표를 내세우고 그에 동의하지 않는 국민을 공격하고 배제하려 듭니다. 그러자 대통령에 대한 비판도 거울처럼 똑같이 공격적이고 비관용적이며 조롱 섞인 태도로 변해 가고요. 분열이 심화될수록 양 진영 사이의 대화 통로를 잇는 일은 극도로 어려워집니다. 미국 사회는 다리를 놓아 이질적인 문화를 연결하고 받아들일 때 번영하고, 집단을 분열시키고 이질적인 것을 배제할 때 활력을 잃어버리는 사이클을 반복해 왔습니다. 그런데 지금 미국은 이질성을 몰아내고 동질성을 강화하면서 그에 따라 국력을 잃어 가는 '퇴화 과정'에 들어섰습니다.

유럽 여러 나라도 그 뒤를 따르려 하고 있습니다. 머지않아 영국, 프랑스, 네덜란드, 헝가리 등에서도 배외주의적 정권이 들어설 확률이 높습니다. 그들이 내세우는 단순하고 저급한 '이야기'에 맞서 우리가 할 수 있는 일은 '부드럽고 온화하며 더 두텁고 정교한 배려'뿐입니다. 그것은 이 시대에 걸맞은 '새로운 이념'이라기보다는 오히려 '옛 방식'에 불과하겠지만요.

포
스
트
글
로
벌
리
즘
시
대
의

구
조
적

위
기

Q. 안티 글로벌리즘의 물결이 일면서 프랑스에서는 언뜻 보면 글로벌리스트처럼 보이는 마크롱이 새 대통령으로 선출되었습니다. '폐번치현'廢藩置県*이 아닌 '폐현치번'廢県置藩을 주창하는 우치다 선생님은 현재 상황을 어떻게 분석하십니까?

앞으로의 흐름은 '지역주의'

마크롱 신임 대통령이 앞으로 어떤 정책을 펼치든, 프랑스를 포함한 유럽 전체는 이미 안티 글로벌리즘의 흐름

---

* 메이지 정부가 1871년에 실시한 행정 개혁. 지방 영주가 다스리던 '번'을 폐지하고 부현으로 통일한 것을 말한다.

에 있습니다. 이는 문명사적 흐름이기 때문에 한 국가의 개별적인 정책으로는 억제할 수 없습니다. EU라는 큰 틀은 유지되겠지만, EU를 구성하는 국민국가들은 점점 더 작은 정치단위로 분화되는 '지역주의'가 앞으로의 흐름이 될 듯합니다. 영국에서는 오래전부터 스코틀랜드가 독립을 향한 움직임을 보여 왔으며, 웨일스도 독립을 지향하고 있습니다. 벨기에는 인구 1100만 명이 조금 넘는 작은 나라인데도 3개의 언어 공동체와 3개의 지역 자치단체로 나뉘어 서로 대립하고 있습니다. 이탈리아에서는 부유한 북이탈리아가 가난한 남이탈리아를 위해 세금을 부담하기 꺼리면서 남북 대립이 심화되고 있고요. 프랑스에서도 마크롱과 극우 정치인 르펜의 지지층은 지역별로 뚜렷이 갈라집니다.

프랑스 역사학자 에마뉘엘 토드에 따르면, 이는 지금 막 시작된 이야기가 아니라 프랑스 혁명 때부터 이어져 온 변함없는 구도라고 합니다. 센 분지와 지중해 연안은 '자유주의' 성향이고 나머지 지역은 '보수'입니다. 아시다시피 유럽은 어느 나라든 내부적으로 심각한 대립을 겪고 있습니다. 국민국가가 더 이상 국민을 적절히 대표하지 못하게 된 거죠. 17세기 이래로 국제 정치는 국민국가를 기본적인 정치단위로 삼아 진행되어 왔습니다. 그런데 지금 그 기초 단위가 불안정해지고 있습니다. 벽돌을 쌓아 집을 지을 때는 벽돌 하나하나의 크기나 재질이 다 달라도 어떻게든 집이 완성됩니다. 그런데 벽돌 자체가 손에 쥐는 순간 두세 조각으로 쪼개져서는 일이 되지 않죠. 그렇다고 그 '벽돌 조각'을 조합해 집을 지을 수 있는 것도 아니고요. 한 번 쪼개진 벽돌은 계속해서 더 작은 조각으로 부서지기 때문입니다.

벨기에가 좋은 예입니다. 벨기에는 사용 언어에 따라 플라망어권, 프랑스어권, 독일어권으로 나뉘어 있습니다. 하지만 '언어가 다르면 갈라서야 마땅하다'를 규칙으로 채택해 버리면 이후 상황이 곤란해집니다. '강 건너편은 같은 프랑스어라도 이쪽과 좀 다른 말을 쓰니까 갈라서면 좋겠다'거나 '저 마을과 우리 마을에서는 옛날부터 입는 옷도 먹는 음식도 전혀 다르니까(이하 동문)' 같은 주장을 억누를 수 없게 됩니다. 그런 주장을 받아들이다 보면 끝이 없으므로 당연히 "안 돼"입니다만, '끝이 없어서 안 된다'는 '틀린 말이라서 안 된다'는 뜻이 아닙니다. 절차가 복잡하므로 이해해 달라는 것은 '우리는 다른 곳과 다르므로 독립하고 싶다'는 그 주장이 (실천적

으로는 곤란하지만) 원리적으로는 옳다고 인정하는 꼴
이 됩니다.

'○○퍼스트'의 행방

미국에서도 비슷한 일이 일어나고 있습니다. 조지아주
풀턴 카운티에 부유층만 거주하는 샌디 스프링스라는
도시가 있습니다. 자신들이 내는 세금이 빈곤층의 복지
에 사용되는 것을 받아들이지 못한 주민들은 주민투표
를 통해 카운티에서 독립하기로 결정했습니다. 일반 공
무원을 줄이는 대신 경찰과 소방에 집중했더니 세금은
낮아지고 치안은 좋아져 주민들이 매우 기뻐했습니다.
하지만 풀턴 카운티는 부유층이 독립해서 없어졌기 때
문에 단번에 세수가 줄고 말았죠. 학교, 병원, 도서관 등
이 문을 닫고 가로등마저 밝힐 수 없게 됐어요. 그 결과
치안은 나빠지고 땅값마저 하락해 주민 생활이 매우 어
려워졌습니다.

　　하지만 미국 내에서는 샌디 스프링스의 사례를 '정
말 좋은 생각'이라고 지지하는 사람이 많습니다. 자기
들이 낸 세금은 자기들을 위해 쓰여야지 빈민의 무임승
차를 허용해서는 안 된다는 논리로 지금 30개 도시에서

'독립'을 계획 중이라는군요. 저는 이것 또한 안티 글로벌리즘의 한 형태라고 생각합니다. 큰 공동체는 이해나 특성을 공유하기보다 작고 동질성이 높은 집단으로 쪼개집니다. 글로벌리즘에 대한 안티이기는 하지만 글로벌리즘을 보완하는 작용은 못 하는 거죠. 공공이라는 개념이 공동화空洞化되면서 시민들이 사리사욕을 노골적으로 추구하기 때문입니다. 저는 '○○퍼스트'가 그런 발상의 전형적인 표현이라고 보는데요. '○○퍼스트'란 자원을 무계획적으로 뿌리지 않고, 어디에 쓰고 어디에 쓰지 말지 효과적으로 구분하는 '선택과 집중'을 뜻합니다. 이런 접근이 효과적이라고 주장하는 이상, 그 대상이 되는 '○○'은 오로지 축소될 수밖에 없습니다. 집중시킬 곳이 좁으면 좁을수록 효과가 커질 테니까요. 일단 '○○퍼스트'라는 말이 나오면 자원 분배처가 넓어지는 일은 절대 일어나지 않습니다.

지금 국가주의적 언설이 퍼지는 이유는 사실 국가가 무너지고 있기 때문이라고 생각합니다. 국민국가에 대한 신임이나 기대가 굳건할 때에는 딱히 '나라를 위해' 일하라고 남에게 강요할 필요가 없습니다. 국가와 국익을 생각하라는 요란한 외침, 사권과 사익을 억제하라는 정부의 요구는 사람들이 국가라는 공공을 믿지 않게 됐기 때문입니다. 원래는 공공장소에 내놓고 다 같이 공동 관리해야 할 자원을 개인의 품에 안고 점유하려 합니다. 공공에 대한 신뢰를 잃었기 때문입니다.

하지만 원인을 만든 것은 공인입니다. 정치인이나 관료가 공공을 외면하고 사리사욕이나 사적 이데올로기 실현에 열중하는 바람에 국민은 공공을 신뢰하지 않게 됐고 공공에 자원을 맡기는 것도 꺼리게 되었습니다. 자신이 낸 세금을 '그 녀석들'이 사적으로 유용하는 것은 용납할 수 없다는 말은 여당 정치인이 생활보호 대상자를 매도할 때나 미디어가 모리토모학원 및 가케학원*의 '네포티즘'(족벌주의)을 비판할 때나 똑같은 논리입니다. 정부도 시민도 공공을 불신하고 공공에 자원을 내놓으려 하지 않는 것, 이것이야말로 포스트 글로벌리즘 시대가 직면한 구조적 위기라고 생각합니다.

---

* 당시 총리였던 아베 신조가 측근이 운영하는 사학 재단에 특혜를 제공했다는 부정부패 스캔들. 모리토모학원은 국유지를 헐값에 매입하고 총리 부인 아키에가 명예 교장으로 연관되어 있다는 의혹이 불거졌으며, 아베 총리의 오랜 친구가 이사장인 가케학원은 정부의 규제 완화(국가전략특구)를 통해 수의학부 신설 허가를 받는 과정에서 총리의 영향력이 작용했다는 의혹이 제기되었다. 이와 관련해 문서 조작, 은폐, 감시 의혹 등이 폭로되며 큰 정치적 파문을 일으켰다.

'대신할 사람'이 나오는 제도 설계

그럼에도 프랑스에서는 최소한의 '공공'이 제도적으로 담보되고 있습니다. 기초자치단체로서 '코뮌'이라는 것이 존재하기 때문입니다. 코뮌의 규모는 수십만 명에서 수십 명까지 다양한데요, 제각각 시의회가 있고 시장이 있습니다. 면적도 인구도 다른 행정단위가 어떻게 동격인 기초자치단체가 될 수 있느냐 하면, 코뮌이 가톨릭 교구에 기반을 두기 때문입니다. 어느 코뮌이든 거리 한가운데 교회가 있고, 교회 앞에 광장이 있고, 맞은편에 시청사가 자리 잡은 구조입니다. 영적 권위와 세속적 권위가 마주하고 있습니다. 권력의 오래된 층과 새로운 층이 눈에 보이는 형태로 팽팽히 맞서고 있는 셈이죠. 일본의 행정 단위에는 그런 문화적인 버팀목이 없습니다. 메이지 정부 관료들이 적당히 경계선을 그어 만든 탁상공론이기 때문입니다.

에도 막부 말기 일본에는 276개의 번藩이 있었습니다. 이를 통폐합한 결과, 메이지 4년(1871년)에 1사使 3부府 302현縣으로 재편되었고, 두 달 뒤에 다시 1사 3부 72현으로 감축되었습니다. 그래도 많다고 여겨져 37부현으로 줄어 메이지 23년(1890년)에 오늘날과 비슷한 형태로 정착되었죠. 부현의 수가 이처럼 급격히 줄어든 것은, 당시 메이지 정부가 지역 구분에 대한 명확한 '철학'을 갖고 있지 않았음을 시사합니다. 제 생각에 메이지 유신 이전의 '번'은 프랑스의 코뮌과 유사한 방식으로 성립하지 않았을까 싶습니다. 백만 석의 큰 번이든 오천 석의 작은 번이든 모두 대등한 '나라'로 간주되었지요. 규모와 관계 없이 저마다 영주, 가로家老*, 무술 지도역武芸指南役**, 제후 자제들을 교육하는 학교, 노***와 다도를 가르치는 선생이 있었습니다. 당시 일본에는 한 나라의 통치자라는 의식을 가지고 정치에 종사한 사람이 동시에 300명이 있었던 셈이죠. 에도 막부 말기에는 '4현후'賢侯라 불리던 번주들이 있었는데요, 후쿠이 번의 마쓰다이라 슌가쿠, 우와지마 번의 다테 무네나리, 도사 번의 야마우치 요도, 사쓰마 번의 시마즈 나리아키입니다. 모두 쇼군을 대신해 일본을 통치해도 될 만한 실력과 견식을 갖춘 인물이죠. 번은 인재 육성 시스템으로서도, 리스크 헤지 시스템으로서도 대단히 우수한 체제였다고 합니다. 그 덕분에 메이지 유신 이후 일본은 단기간에 근대화에 성공할 수 있었습니다.

---

* 일본 봉건 시대에 존재한 고위 관직으로 다이묘나 쇼묘 같은 영주를 보좌하며 최고 행정 및 정치 책임자 역할을 맡았다. 특히 에도 시대의 번에서 중요한 역할을 수행했다.
** 막부나 다이묘를 섬기며 무예나 기예를 가르친 사람.
*** 일본의 전통 가면 가무극.

오늘날 일본에는 코뮌이나 번과 같은 제대로 된 자치 단위가 없고 모든 권한이 중앙정부에 집중되어 있습니다. 그래서 중앙에서 아무리 실정을 거듭해도, 대체할 사람이 없다는 이유로 30퍼센트가량의 국민은 여전히 내각을 지지하는 상황이 이어집니다. 그런데 '대체할 사람이 없다'는 것은 곧 제도 설계가 잘못되었다는 뜻입니다. 안정적인 통치 체제를 최우선으로 고려한다면, 언제든 '대체할 사람'이 줄줄이 등장해 국정에 차질이 없게끔 설계되어야 하기 때문입니다. 미국의 50개 주정부는 연방정부로부터 강한 독립성을 보장받습니다. 그래서 주마다 법이 다르고 세제가 다르고 교육제도가 다릅니다. 얼마 전 캘리포니아주에서는 트럼프 행정부에 각을 세우며 독립하거나 캐나다와 합병하자는 의견까지 제기되었습니다. 저는 지방자치단체가 중앙정부로부터 강한 독립성을 확보해야 한다고 생각합니다. 독립성은 곧 국가의 다양성을 담보하고 국가를 활성화하는 동력이기 때문입니다. 하지만 궁극적인 목적은 '공공에 대한 신뢰'를 키우는 것입니다. 주위 사람들을 진정 동포라고 느낄 수 있고, 그 사람들을 위해서라면 '솔선수범해서 내 주머니를 털어도 좋다'고 생각할 수 있는 그런 따뜻한 공동체는 어떻게 시작할 수 있을까요? 이 물음이 지금처럼 절실하게 다가온 적은 없었습니다.

Q. 최근 오랜 기간 동거하며 결혼을 약속했던 남성이 갑자기 "역시 안 되겠다"며 떠나 버렸다는 여성 두 분을 만났습니다. 남성은 "그만두자"는 한마디면 끝이지만, 여성은 소중한 시간을 허비한 셈이라 안타깝더군요. 이런 불행한 여성을 더 늘리지 않으려면 이참에 동거를 금지해야 하지 않을까요? 물론 농담입니다만……

마음껏 동거하자

동거가 뭐가 나쁜가요? 결혼에 이르는 과정은 사람마다

다릅니다. 각자 알아서 하면 됩니다. 제가 학생이었을 때는 동거하는 사람이 많았어요. 특히 비수도권 지역에서 상경해 자취하던 친구들은 금세 동거를 시작했죠. 둘이 같이 살면 돈도 덜 들고, 욕실 딸린 집도 구할 수 있잖아요. 그런 실용적인 이유가 컸습니다.

그래서 저는 앞으로 다들 가난해지면 동거가 다시 유행하리라고 봅니다. 혼자 틀어박혀 사는 것보다 둘이 같이 사는 게 훨씬 좋습니다. 저 또한 혼자 산 적이 거의 없습니다. 어릴 때는 가족과 함께 살았고, 대학 때는 기숙사 생활을 했고, 그 뒤에는 친구와 같이 살았습니다. 결혼하고 이혼한 뒤엔 아이와 2인 가구를 이루어 살았고…… 딸이 18살이 되어 집을 떠난 다음에야 처음으로 혼자 살게 됐습니다. 몇 년 뒤에 재혼하면서 다시 다른 사람과 같이 살게 되었고요.

저는 남과 함께 사는 걸 좋아하는 사람이 분명합니다. 생활 습관이 완전히 다른 사람과 살면 '세상엔 참으로 다양한 사람이 있구나' 하고 실감합니다. 방을 엉망으로 만드는 사람도 있고 깔끔한 사람도 있고, 규칙적인 사람도 있고 제멋대로인 사람도 있고, 다 털어놓는 사람도 있고 비밀을 꼭꼭 숨기는 사람도 있지요. 사람이란 정말 제각각입니다.

시민으로서 성숙해지고 사회성을 기르기 위해서도 '도무지 무슨 생각을 하는지 모를 사람'과 얼굴을 맞대고 살아 보는 건 큰 도움이 됩니다. 그러니 부디, 마음껏 동거하세요.

Q. 비혼인 30대 여성입니다. 얼마 전 돌아가신 영화배우 키키 키린* 씨는 우치다 유야** 씨와 결혼했지만 쭉 별거 상태였지요. 그래도 이혼은 하지 않았으며 유야 씨를 계속 사랑했다고 들었습니다. 세간에선 이 두 사람을 '좋은 부부'로 보는 것 같은데요. 부부란 대체 어떤 관계인가요?

결혼은 안전 보장이다

저도 모릅니다. 솔직히 말해, 다른 집 부부가 '좋은 부부'든 '나쁜 부부'든 나하고는 상관없잖아요. '좋은 부부'라는 이상형이 따로 있는 것도 아니고요. 결혼의 형태도 정말 다양합니다. 사실혼도 있고, 동성혼도 있고, 따로 살면서 관계를 유지하는 결혼도 있지요. 결혼하고 싶으면 하면 되고, 인연이 없으면 안 하면 됩니다. "빨리 결혼해

---

* 일본의 '국민 어머니/할머니'로 불리는 배우. 『바닷마을 다이어리』 『어느 가족』 『걸어도 걸어도』 등에 출연했다.
** 일본의 전설적인 록 가수 겸 배우.

라" "애는 셋 이상 낳아야지" 같은 소리를 하는 사람도 가끔 있지만, 정말 쓸데없는 참견이죠. 결혼에서 반드시 지켜야 하는 일반적 기준 같은 건 없습니다.

그럼에도 제가 젊은 사람들에게 결혼을 권하는 이유는 바로 '안전 보장'이라는 측면에서입니다. 결혼은 '만일의 사태에 대비한 안전망'이 되어 주니까요.

아무래도 혼자 살면 훨씬 편하죠. 자고 일어나는 시간도, 먹는 것도, 듣는 음악도, 놓는 가구도 전부 마음대로 정할 수 있으니까요. 요즘은 집안일도 대부분 전문 업체에 맡길 수 있지요. 외식할 곳도 많고, 편의점에 1인분 음식도 넘쳐납니다. 청소는 로봇청소기에, 빨래는 자동 세탁기나 세탁소에 맡기면 되죠. 모든 게 갖춰진 사회에선 굳이 '전업 가사 노동자'를 찾을 이유가 없습니다. 그냥 혼자 돈 잘 벌면서 사는 게 훨씬 합리적이에요.

예전에는 그렇게 사는 게 불가능했습니다. "짝이 맞는 냄비엔 딱 맞는 뚜껑이 있다"는 말처럼, 남성은 가사 능력이 떨어지고 여성은 벌이 능력이 낮았어요. 남편은 아내 없이는 밥도 못 하고 목욕도 못 하고 팬티도 못 챙기고, 아내는 남편 없이는 수입이 생기지 않았죠. 서로가 없으면 살 수 없는 구조에서 결혼이란 그 나름대로 잘 짜인 시스템이었습니다. 서로 좋아하고 말고의 문제가 아니라, 배우자가 없으면 생존 자체가 어려웠으니까요.

그래서 나이가 차서 부모 품을 떠난 남자는 아내 없이는 살아갈 수가 없었습니다. 이때 아내는 사실상 '어머니의 대체자'였고, 이는 일본 남성의 성숙을 막는 요인이기도 했지요. 얘기가 길어지니 이 부분은 나중에 따로 이야기하겠습니다.

어쨌든 가사 노동을 전문 업체에 맡길 수 있는 시대가 오기 전까지는, 배우자는 남녀 모두에게 생존을 위해 필수적인 존재였습니다.

도쿄 30대 남성의 생애 비혼율 43.7퍼센트

하지만 시대가 바뀌었습니다. 이제 남녀 모두 결혼할 필요성이 사라졌어요. 각자 돈 벌며 살면 됩니다. 그 결과, 현재 남녀 모두의 생애비혼율이 엄청난 수치를 기록하고 있습니다. 생애비혼율이란 '50세까지 한 번도 결혼한 적 없는 사람의 비율'입니다. 1990년 당시 남성은 5.6퍼센트, 여성은 4.3퍼센트였는데, 2015년에는 남성 23.4퍼센트, 여성 14.1퍼센트로 치솟았습니다. 남성 4명 중 1명, 여성 7명 중 1명이 배우자 없이 살다가 죽는다는 현실을 생생히 보여 주는 수치입니다.

당연히 도쿄에서는 생애비혼율이 특히 높게 나타납니다. 30대를 보면 남성의 비혼율은 무려 43.7퍼센트(여성은 34.1퍼센트)입니다. 30대 남성 7명 중 3명, 여성 3명 중 1명이 비혼인 겁니다.

이 사람들이 40대가 되면 갑자기 우르르 결혼할까요? 그렇지는 않을 겁니다. 40살까지 혼자 살아왔거나(그만큼 소득이 있었다는 뜻이죠) 어머니에게 살림을 전부 맡긴 남성이, 역시 혼자 살며 어머니에게 가사 노동을 전부 맡긴 여성과 결혼하고 싶을까요? 결혼해서 잘 살아갈 수 있을까요? 어렵겠죠. 그래서 저는 30대 이상의 비혼율은 앞으로도 계속 높아질 거라고 봅니다.

그런데 이는 안전 보장 측면에서 보면 리스크가 매우 큰 삶입니다. 부모님 두 분이 계실 때는 괜찮아요. 회사가 망하거나 중병에 걸리더라도 부모님께 의지할 수 있으니까요. 하지만 부모님이 돌아가시면요? 더 이상 안전망이 없습니다. 예전에 비디오방에 방화를 저지른 노숙자 남성은 원래 대기업 전자회사에 다니던 샐러리맨이었습니다. 해고되자 부모가 남긴 아파트를 팔아 그 돈으로 한동안 살았지만, 돈이 떨어지자 바로 노숙자가 되었죠. 대기업 직원에서 노숙자로의 추락이 이렇게 빠를 줄은 몰랐겠죠. 그에겐 도와줄 친척도 친구도 없었습니다.

상호 지원 네트워크

결혼은 안전 보장을 위한 리스크 헤지입니다. 부부가 동시에 실직하거나 병에 걸릴 가능성은 크지 않습니다. 한쪽이 곤경에 처했을 때 다른 쪽이 최소한의 경제력이나 건강을 유지하고 있으면 됩니다. 어느 쪽이든 언젠가는 어려움을 겪을 수 있지만, 그 시점이 '어긋나기만' 해도 단기간에 인생이 무너지는 일을 막을 수 있어요.

안타깝게도 지금 일본에는 복지 제도가 제대로 갖춰져 있지 않습니다. 생활보장 제도가 있긴 하지만 수급자에게는 정말 심한 비난이 쏟아집니다. "실패한 사람은 그대로 길바닥에 나앉으라"거나 "약자에게 세금을 쓰는 건 낭비"라는 말을 공공연히 하는 사람들이 인터넷은 물론 정책 결정 과정에도 넘쳐납니다. 이런 사회에서는 자신을 지킬 방법을 스스로 고민해야 합니다.

저축? 그것만으론 안심할 수 없습니다. 국가 시스템 자체가 무너질 위기인걸요. 앞으로 일본 사회에서 리스크를 피하려면, '만약의 경우'가 생겼을 때 도와줄 사람이 많은 게 최고입니다. 상호 지원 네트워크를 만들고 그 안에서 적극적으로 활동하는 것, 그게 가장 강력한 리스크 헤지입니다. 물론 귀찮은 일입니다. 상호 지원 네트워크란 '만약의 경우'를 대비한 보험이니까, 실제 그런 일이 생기지 않으면 계속 '주기만' 해야 하거든요. "내가 낸 만큼은 돌려받아야지" 같은 '합리적' 사고방식으론 이런 네트워크를 만들 수 없습니다.

결혼도 마찬가지입니다. 결혼의 본질은 두 사람의 상호 지원 네트워크입니다. 즉 내게 '만약의 경우'가 생기기 전까진 계속 손해를 보는 구조예요. 이 손해는 다양한 형태로 나타납니다. 소득이 많은 쪽은 '내가 더 많이 부담한다'고 느끼고, 집안일을 많이 하는 쪽은 '내가 더 힘들다'고 느끼죠. 배려가 많은 쪽은 '내가 더 신경 쓴다'고, 참는 쪽은 '내가 더 많이 참고 있다'고 생각해요.

걱정 마세요. 모든 부부가 다 그러니까요. 예외는 없습니다. "우리 집은 남편이 다 해 줘서 난 편하게 살아요, 호호호" 하는 아내도 없고, "아내가 돈도 벌고, 살림도 하고, 내 비위도 맞춰 주고, 나는 아무것도 안 해요, 하하하" 하는 남편도 없습니다.

모든 배우자는 '내가 더 손해 본다'고 생각합니다. 괜찮습니다. 원래 그런 겁니다. 상호 지원 네트워크란 내가 먼저 주는 관계, 동시에 나 혼자만 계속 베푸는 것처럼 느껴지는 관계입니다. 그게 싫다면 이 게임의 플레이어가 될 수 없습니다.

Q. 저는 요코하마에 거주하는 40세 남성으로 자영업을 하고 있습니다. 작년 3월에 이혼했고, 전처는 열 살 딸아이를 데리고 친정인 가고시마에서 지냅니다. 저는 매달 가고시마에 가서 딸을 만나는데, 얼마 전에 딸이 "매달 안 와도 괜찮아"라고 말하더군요. 그런데 그 후 딸이 소속된 브라스밴드 공연에 얼굴을 비치자 무척 기쁜 기색이었습니다. 그때 딸이 한 말이 강한 척한 건지 진심인지 잘 모르겠습니다. 딸과 적절한 거리를 유지하는 게 쉽지 않네요. 어떻게 하는 것이 최선일까, 요즘 자문자답을 반복하고 있습니다.

사춘기 딸은 아버지를 싫어한다

지금 따님이 열 살이라고 하셨죠. 앞으로 3년쯤 지나면 "아빠 안 보고 싶어"라고 말할 겁니다. 그러니 지금 많이 만나 두는 게 좋아요. 사춘기가 되면 딸은 아버지를 싫어하게 됩니다. 자연스러운 과정이라 무슨 수를 써도 막을 수 없습니다. 딸이 의식적으로 아버지를 싫어하겠다고 결정한 게 아닙니다. 본능적으로 그렇게 되는 겁니다. 생물학적으로 그렇게 프로그램되어 있어요.

그런데 많은 아버지가 이 상황을 딸의 자율적인 결정이라고 오해하고, 상처받거나 슬퍼하거나 화를 냅니다. 그러다 관계가 치명적으로 망가지는 경우가 많죠. 딸이 점점 멀어지면 '아, 드디어 그 시기가 왔구나' 하고 담담히 받아들일 수밖에 없습니다. 자연의 섭리니까요. 불만스러워도 소용없습니다. 그럴 때는 딸에게 가까이 다가가지 말고 멀리서 묵묵히 성장을 지켜보는 게 좋습니다. 그러다 보면 어느 순간 뭔가에 씌었던 것이 떨어져 나가듯, '병적인 아버지 혐오'의 시기가 끝납니다. 그때 다시 사이좋게 지내면 됩니다.

관건은 거리를 두는 시기에 서로 상처 주지 않는 겁니다. 그러려면 적절한 거리를 유지해야 하고요. "왜 그렇게 버릇없이 굴어?" 하고 야단쳐 봐야 소용없습니다. 갑자기 왜 아버지가 싫어진 건지, 사실 딸 자신도 이유를 모르거든요.

하지만 자식을 잠시 멀리서 바라볼 때도 '좋은 부모'로 남아 있어야 합니다. 어떤 부모가 좋은 부모인지 알고 싶다면 자신의 어린 시절을 떠올려 보세요. '돈은 대 주지만 간섭은 안 하'는 부모가 자식에겐 최고의 부모 아니었나요? 정말 제멋대로지만, 현실이 그래요. 그러니 '아버지 혐오'의 시기에 딸에게 지나치게 미움받지 않으려면, "너 하고 싶은 거 해. 돈은 내가 댈게"라고 말하면 됩니다. 이를 악물고서라도 그렇게 말하세요. 그러면 가장 힘든 시기가 지나간 뒤에 화해할 확률이 훨씬 높아집니다.

어느 매체로부터 '인구 감소 사회의 폐해'라는 제목으로 글을 써 달라는 요청을 받았다. '일본은 왜 아이를 낳고 키울 사회적 환경을 제대로 갖추지 못하는가' '이대로 가면 우리 앞에는 어떤 미래가 펼쳐질까' '그 상황에서 해결책은 있는가'라는 주제를 다뤄 달라는 것이었다.

그런 의뢰를 받아 놓고 이런 말을 하기는 정말 미안하지만, 나는 "인구 감소를 병이라고 생각하는 것 자체에 반대한다"고 말할 수밖에 없다. 반대라는 말이 지나치다면 '회의적'이라고 해 두자.

젊은 세대는 잘 모르겠지만, 불과 얼마 전까지만

해도 '인구 문제'라는 말은 곧 '인구 폭발'을 의미했다. 1972년 로마클럽*은 「성장의 한계」라는 보고서를 발표하며 경종을 울렸다. 이대로 계속 인구가 늘어나면 인류가 가하는 환경적 부담으로 인해 지구가 100년 안에 한계에 도달한다는 내용이었다. 그때 비로소 '아, 그렇구나' 하며 인구를 줄이는 것이 인류의 중요한 과제임을 알게 됐다. 하긴 그 시절엔 어딜 가나 사람이 너무 많았다. 고속도로가 정체될 때마다 일본 인구가 좀 줄었으면 좋겠다고 진심으로 바라곤 했다.

대학 교수가 되고 얼마 뒤에 교수 연수회가 열렸는데, '앞으로 18세 인구가 급감할 테니 본교도 대책을 마련해야 한다'는 얘기가 나왔다. '잠깐!' 나는 속으로 소리쳤다. 그동안 내내 인구가 너무 많아 문제라는 얘기를 들어 왔는데 갑자기 인구가 너무 줄어 큰일이라니, 어떻게 그렇게 갑자기 생각을 바꾸란 말인가? 게다가 이는 납득할 수 없는 이야기다. 일본의 18세 인구가 언제 어느 정도가 될지는 18년 전에 예측이 가능했다. 인구 동태는 통계 수치 가운데 신뢰도가 상당히 높은 편이기 때문이다. 그렇다면 18세 인구가 앞으로 줄어들 테니 대비해야 한다는 얘기를 18년 전에는 왜 하지 않았을까?

---

* 1968년 설립된 국제적 싱크탱크. 인구·환경·자원 등 인류의 미래와 지속 가능한 발전을 연구한다.

알고 보니 18년 전에는 어느 대학이나 한시적 정원 확대*로 학생 정원을 늘리고 그에 맞춰 교직원 수를 늘려 재정 규모를 키웠다. 그 시점에서의 18세 인구는 확실히 증가하고 있었으니 적절한 대처 방안이었겠지만, 그러면서 '18세 인구가 감소하기 시작하면 매우 곤란해지는 체제'를 꾸준히 만들어 온 셈이었다. 도대체 그 시절 대학 경영자들은 무슨 생각을 하고 있었던 걸까. 아마 '18세 인구가 줄어 난감해지는 것은 내가 퇴직한 다음 일이니, 지금은 벌 수 있을 때 벌어 놓자'라고 생각했을 것이다. 나도 그 시절에 대학에 있었다면 똑같이 생각했을지도 모른다. '홍수여, 내 뒤에 오라'**는 발상이다.

그때 나는 깨달았다. '사람들은 인구 문제를 별로 진지하게 생각하지 않는구나.' 어쨌든 '인구 문제'의 정의 자체가 '인구 증가'에서 '인구 감소'로 바뀌었는데, 그에

---

* 일본 대학들이 특정 시기에 일시적으로 입학 정원을 늘리는 조치. 주로 대학 입학 대상 인구(18세 인구)가 일시적으로 급증한 때 이 수요에 대처하고자 정부의 허가를 받아 실행되었다. 본문에서 언급된 18년 전은 1990년대 초반에 해당하며, 당시 일본의 18세 인구가 정점을 찍었던 시기와 맞물린다.

** "홍수여, 내 뒤에 오라"(Après moi, le déluge)는 '내가 죽은 뒤에는 세상이 어떻게 되든 상관없다'는 뜻으로 프랑스의 루이 15세 또는 그의 애첩 마담 드 퐁파두르가 한 말로 알려져 있다. 그 뒤 마르크스가 『자본론』에서 자본가가 노동자를 혹사하면서도 미래에 닥칠 파국적 결과에는 무책임한 태도를 보인다는 비판과 함께 다음과 같이 사용했다. "'홍수여, 내 뒤에 오라!'는 모든 자본가와 모든 자본주의 국가의 표어다."

대해 어떻게든 설명하는 사람이 아무도 없었기 때문이다. 그 뒤로 나는 인구 문제를 언급할 때 '알다시피'라는 말로 시작하는 사람은 믿지 않는다. 그래서 인구 감소를 느닷없이 병폐로 규정하는 태도에도 거부감이 든다.

인류 전체 규모로 보자면 지금도 우리 앞에 놓인 문제는 인구 감소가 아니라 인구 증가이다. 현재 80억 명가량인 인구는 아프리카를 중심으로 계속 늘어나 21세기 말에는 109억 명에 이를 것으로 예측된다. 이 예측대로라면, 앞으로 80년 동안 전 세계는 인구 폭발로 인한 환경 오염, 기아, 의료 위기 문제에 지속적으로 직면할 것이다. 즉 인구 문제가 전적으로 '인구 감소'를 의미하는 것은 현재로서는 일부 선진국에만 해당한다.

여기서 알 수 있는 점은, 인구는 항상 너무 많거나 너무 적을 뿐 '이 정도가 적정하다'는 기준이 없다는 사실이다. 적정한 수치란 존재하지 않는다, 이것이 인구 문제를 논의할 때의 전제 조건이다. 일본의 인구는 도대체 몇 명이 적정한가? 내가 아는 한, 지금껏 구체적인 숫자를 제시한 사람도 없고, 그 숫자에 대해 국민적 합의가 이뤄진 적도 없다. 일본 열도의 '적정한 인구수'를 모른 채 인구가 '너무 많다'느니 '너무 적다'느니 논하는 것이 과연 가능한 일일까?

　　인구 문제에 관해서는 맬서스의『인구론』을 참고할 만하다. 맬서스는 "적정한 인구수란 식량 수급이 감당할 수 있는 인구수"라는 단순하고 명확한 주장을 펼친다. 식량 생산이 인구 증가를 따라잡는 한 인구는 얼마가 늘어도 괜찮다는 것인데, 어떤 면에서는 다소 과격한 발상이다.

　　이 주장에는 두 가지 전제가 있다. 하나는 '인간은 먹지 않으면 살아갈 수 없다'는 것, 또 하나는 '인간에게는 성욕이 있다'는 것이다. 성욕에 사로잡힌 인간 탓에 인구는 등비급수적으로 증가하지만 식량은 등차급수적으로만 증가한다. 그러니까 어느 시점이 되면 식량 생산이 인구 증가를 따라가지 못하게 되고, 결국 기아가 인구 증가를 억제한다는 것이 맬서스의 생각이다. 이는 자연 관찰에 근거한다. 어떤 환경에서 서식할 수 있는 동식물의 개체 수에는 한계가 있다. 개체 수가 환경의 부양 능력을 넘어서면 공간과 양분이 부족해져 도태되는 개체가 생기고, 개체 수는 자연스럽게 조절된다. 맞는 말이다.

　　단, 인간의 개체 수 조절 방식은 조금 더 정교하다.

아사로 도태되기 전에 인구 억제 메커니즘이 작동한다. 곤궁한 시기에 사람들은 결혼을 망설이고, 가족 부양이 어렵다고 느껴 인구 증가가 멈춘다. '내 사회적 지위가 떨어지는 않을까' '아이들이 성장해도 자립을 못 하고 타인의 시혜에 기대 무력하게 살아가지는 않을까' 하는 걱정이 들면, 문명국의 이성적인 젊은이들은 자연의 충동에 굴복하지 않고 결혼을 회피하게 된다. 맬서스의 이 같은 예측은 현대 일본의 인구 감소 실상을 제대로 간파하고 있다.

　나아가 맬서스는 문명국에 남성의 성욕을 생식 행위에 연결시키지 않고 해소하는 장치('부도덕한 습관'*)가 완비되어 있는 것도 인구 억제에 효과적이라고 지적한다. 날카로운 통찰력이다. 맬서스의 인구론은 지금의 인구 문제를 논할 때에도 대체로 타당한 주장이라고 생각한다(인구는 등비급수적으로 늘어난다는 예측은 틀렸고, 인간의 환경 파괴가 이렇게까지 심각할 줄은 맬서

---

* 맬서스는 저서 『인구론』에서 인구 증가가 식량 생산 증가 속도보다 훨씬 빠르기 때문에 빈곤이 발생한다고 주장하며, 인구 증가를 막는 요인을 크게 '예방적 억제'(Preventive Check)와 '적극적 억제'(Positive Check)로 나누었다. '부도덕한 습관'은 맬서스가 제시한 인구 억제 요인 중 하나인 '악덕'(vices)을 완곡하게 표현한 것으로, 주로 생식을 목적으로 하지 않는 성적 행위와 관련된 요소들이 포함된다. 이는 당시 도덕적 기준으로 보면 '부도덕'하지만, 결과적으로는 출생률을 낮춰 인구 증가를 억제하는 효과를 낳는다고 보았다.

스도 미처 몰랐겠지만 말이다).

지구상의 인구는 아마 21세기 말에 100억을 넘어서며 정점을 찍고, 그다음부터는 줄어들 것이다. 그보다 더 일찍 감소가 시작되리라는 예측도 있다. 인구가 어디까지 줄어들지는 알 수 없으나, 19세기 말 세계 인구가 14억 명이었으니 그쯤에서 환경의 부양 능력과 균형을 이루며 정상 상태에 진입할 가능성도 있다. 물론 앞일은 알 수 없지만, 당장 (미국을 제외한) 선진국들은 예외 없이 급격한 인구 감소에 직면할 것이다. 그 추세의 선두주자는 바로 일본이다. 최근 통계에 따르면, 일본 인구는 2070년에 약 8700만 명까지 줄어들 것으로 예측된다. 현재 인구가 1억2600만 명이니 지금부터 매년 83만 명씩 감소하는 셈이다. 83만 명은 야마나시현이나 사가현의 인구 규모와 맞먹는 숫자다. 매년 그만한 현이 하나씩 사라진다.

일본 내각에서 예측하는 2100년 일본 인구는 중위 추계 기준 6400만 명. 상당히 낙관적인 수치다. 4700만 명까지 감소하리라는 예측도 있다. 어찌 됐든 21세기 말이 되면 일본의 인구는 지금의 절반 정도로 감소할 것이 분명하다. 러일전쟁 무렵의 일본 인구가 '5천만 명'이라는 얘기를 들었으니, 200년 만에 메이지 40년(1907년) 경의 인구 규모로 회귀하는 셈이다.

인구 감소에 대해 우리가 취할 수 있는 시나리오는 원론적으로는 두 가지뿐이다. 하나는 자원의 '도시 집중'이며, 다른 하나는 자원의 '지방 분산'이다. 일본인은 '지방 분산'을 성공시킨 경험은 있지만, '도시 집중'에 대한 경험은 전무하다. 나는 보수적인 사람이기 때문에 과거에 성공 경험이 있으면 그 사례를 참조한다. 에드먼드 버크*처럼 나도 '잘된다는 보장이 없는 새로운 시스템을 도입하거나 구축하는' 것을 경계한다. 머지않아 일본은 인구 5천만의 나라가 된다. 그 경우에 어떤 구조가 적절한지 고민할 때에는 '잘된다는 보장이 없는' 도시 집중 시나리오보다는, 실제로 5천만 명을 안정적으로 통치하던 메이지 40년경의 '지방 분산' 시나리오를 참조하는 편이 낫다. 내 말이 틀렸는가?

메이지 유신 이전의 일본을 살펴보면, 약 3천만 명이 276개 번에 분산되어 있었다. 각 번에는 행정관과 군인과 상인이 있고, 고유의 방언과 음식 문화, 전통 예능과 종교 의례가 있었다. 규모는 제각각이어도 번은 저마다 하나의 정치단위로 기능했으며, 원칙적으로 자급자

---

* 18세기 영국의 철학자이자 정치인. '최초의 근대적 보수주의자'로 여겨진다.

족의 경제단위이자 독자적인 문화 공동체였다. 이런 구조가 '지방 분산'의 기본 아이디어다.

메이지 유신 이후로 번이 해체되고 부현제로 이행했지만, 메이지 정부는 정치·경제적 핵심 자원의 도쿄 집중을 꾀하는 동시에 국민 통합에 필요한 자원의 지방 분산에도 힘을 쏟았다. 그 한 가지 지표가 바로 교육 자원의 지방 분산이다. 메이지 40년대에는 도쿄제국대학, 교토제국대학, 도호쿠제국대학, 규슈제국대학이 설립되었다(게이조와 타이베이를 비롯한 9개 제국대학이 모두 정비된 것은 1939년이다). 구제고등학교舊制高等學校*의 설립은 이보다 앞서 진행되었다. 1886년에 도쿄 제1고등학교가 설립된 이후, 1908년까지 센다이, 교토, 가나자와, 구마모토, 오카야마, 가고시마, 나고야에 8개의 넘버 스쿨이 설립되었다. 그 뒤로는 마쓰에, 히로사키, 미토 등지에서부터 관동의 뤼순까지, 문자 그대로 '전국 방방곡곡'에 19개 네임 스쿨이 잇따라 설립되었다.

물론 교육 자원의 지방 분산만으로 메이지 정부의 국책 전반을 파악할 수는 없다. 교통, 통신, 상하수도, 전력 등 다른 기반 시설도 전국적으로 정비되었는데, 여기

---

* 1894~1918년 고등학교령에 의해 세워져 1950년까지 존재한 일본의 교육기관. 현재는 각 대학으로 흡수되어 폐지되었다. 제1~제8고등학교는 넘버 스쿨이며, 제9고등학교 설립을 둘러싸고 니가타와 마쓰모토 사이에 치열한 유치 경쟁이 벌어져 숫자 대신 도시명을 딴 네임 스쿨이 되었다.

에는 강력한 정치적 의도가 작용해 보신전쟁* 당시 '적군' 지역이 노골적으로 소외되었다.

그럼에도 불구하고, 가능한 한 전국 방방곡곡에 자원을 균등하게 분배하는 것이 메이지 시대부터 쇼와 시대에 걸친 일본 정부의 기본 방침이자 국민의 염원이었다는 사실은 변함없다. 적어도 일본 역사를 되돌아볼 때, '도시만 번창, 지방은 쇠퇴'를 적극적인 '목표'로 삼은 정책이 국민적 지지를 얻어 시행된 사례는 내가 알기로는 존재하지 않는다. 그렇다면 인구 5천만 명의 사회모델을 구상할 때 가장 합리적인 방법은, '메이지 40년의 일본'을 기본으로 삼고 그것을 어떻게 수정·보완해 '2100년 버전'으로 만들지를 논의하는 것이라고 생각한다.

그러나 현실은 그렇지 않다. 인구 감소 국면에서 선택해야 할 시나리오는 '자원의 도시 집중'으로 정해져 있다. 이것이 정·관·재계의 기정 방침이다. 일본 정부는 이미 이런 시나리오를 채택해 시행하고 있다. 도쿄를 중심으로 하는 수도권에만 자원을 집중하고, 그 외 지역은 인구가 줄도록 방치해 최종적으로는 아무도 살지 않는 곳으로 만들겠다는 계획이다. 다만 국민적 동의를 얻는 수고 없이 조용히 추진하고 있을 뿐이다. 지방 포기는

---

* 1868~1869년 막부와 메이지 신정부 간에 벌어진 내전으로, 막부가 패배하고 천황 중심의 근대 일본 국가가 수립되었다.

기정 방침이지만 공식 발표는 삼간다. 그런 정책을 공약으로 내걸면 자민당은 지방 의석을 잃고 정권을 내줄 것이 불 보듯 뻔하기 때문이다. 그래서 '두 시나리오 중 어느 쪽을 채택할 것인가'라는 문제 자체를 은폐하고 '도시 집중+지방 소멸' 시나리오를 잠자코 실행한다. 이 문제가 국민적 논의가 되는 걸 아예 차단하고, 지방의 과소화와 무주지無住地화가 돌이킬 수 없는 지경에 이르러서야 "도시 집중 시나리오 이외에 일본이 살아남을 길은 없습니다"라고 진지하게 선언하려는 속셈이다. 근거가 확실한 말만 하라고? 이 정도는 공개된 자료만 보고 누구나 추론 가능한 시나리오다.

인구 감소 문제는 국민적 논의를 거쳐 대책을 결정해야 하는 사안이다. 그러나 국민적 논의는 전혀 이루어지지 않고 있으며, 정부는 국민적인 합의 형성을 목표로 삼고 있지도 않다. 심지어 논의와 합의가 필요하다는 사실조차 정부는 결코 언급하지 않는다.

그렇다고 오해하진 말아 주시길. 내 얘기는 일본 정부나 재계나 언론이 사악한 의도로 국민의 눈을 피해 음모를 꾸미고 있다는 것이 아니다. 그들도 아무 생각이 없을 뿐이다. 그냥 멍하니 '인구 감소에 대처하는 방안은 자원의 도시 집중밖에 없다'고 생각하는 거다. 누구 하나 '지방 분산 시나리오'를 언급하지 않으니 그 가능성을 생각할 필요조차 느끼지 못한다. 사고가 정지되어 있다는 점에서는 정치인이나 국민이나 다를 바 없다.

그 이유는, '인구 감소에는 도시 집중으로 대응하자'는 것은 어떤 정치적 입장에서 나오는 것이 아니라, 자본주의가 하는 요청이기 때문이다. 자본주의는 언제, 어떤 상황에서도 경제 성장을 추구한다. 그 결과 지구 환경이 파괴되든, 인류가 생존할 수 없게 되든 상관하지 않는다. 요즘은 SDGs(지속가능발전목표)라든가 워크 자본주의 Woke Capitalism* 같은 것이 나타나서 "저…… 인류가 망하면 자본주의도 망할 텐데" 하면서 경각심을 일깨우지만, 자본주의는 아랑곳하지 않는다. 자본주의는 시스템일 뿐 생물이 아니기 때문이다. 자본주의에게는 생존 전략자체가 없다. 어느 날 지구 환경이 파괴되고 과도한 수탈을 하다가 인류가 멸망하면 자본주의도 소멸하겠지만, "자본주의, 너는 입장이란 게 없어?"라고 다그쳐도 소용이 없다. 자본주의는 생물이 아니므로 자기 보존의 본능도 없고, 물론 '입장'이라는 것도 없다. 자본주의는 대홍수가 닥칠 때까지 계속 폭주할 뿐이다. 그리고 그 폭주에

* 기업이 사회적·정치적 이슈에 '깨어 있는 자세'를 표방하며 이를 경영 전략으로 활용하는 현상. 겉으로는 정치적 올바름을 내세우지만 실제로는 이를 기업 이미지 개선과 이윤 추구 수단으로 사용하는 자본주의 형태를 가리킨다.

힘입어 자기 배를 채우려는 인간들을 끌어들여 폭주를 이어 간다.

마르크스는 『자본론』에서 자본주의가 시작된 원인을 '인클로저'라고 가정했다. '인클로저'란 19세기 영국에서 농지를 목양지로 전환하면서 자영농을 토지에서 쫓아내고, 그들을 노동력 말고는 팔 것이 없는 프롤레타리아로 전락시킨 과정을 말한다. 이 과정에서 인위적으로 인구 과밀지와 인구 과소지가 형성되었다. 과소지에는 생산성이 높은 사업(19세기 영국의 기간산업이었던 방적업을 위한 목양)이 배치되었고, 땅을 잃은 사람들은 도시로 내몰려 구직자가 한곳에 집중되면서 고용 조건도 열악해졌다(자본가는 "너 아니어도 이 일을 할 사람은 얼마든지 있다"는 고용 조건 평가절하 필살기를 구사했는데, 이는 예나 지금이나 변함이 없다).

이후 자본주의는 이 성공 체험을 잊은 적이 없다. '인구가 과밀하며, 구직자 수가 일자리 수를 초과하여 열악한 고용 조건을 감수하는 도시'와 '인구가 과소하며, 생산성 높은 사업을 전개할 수 있는 지방'으로의 양극화는 자본주의에 최적화된 환경이다. 그러니 오늘날 자본주의가 인구 감소로 인한 시장 축소와 노동자 감소라는 부정적 환경에서 살아남으려고 '21세기의 인클로저'를 목표로 삼는 것은 당연하다. 또한 자본주의 이외의 경제 시스템을 구상할 수 없는 사람들이 정책을 결정하는 이상, '도시 집중' 시나리오가 선택되는 것 또한 자연스러운 일이다.

이는 망상이 아니라 현실에서 일어나고 있는 일이다. 한국은 일본보다 더 빠른 속도로 인구 감소와 고령화가 진행되고 있다. 2022년 한국의 합계출생율은 0.78명으로, 저출생 문제가 심각하다고 외치는 일본의 1.26명보다 훨씬 낮다. 이는 한국의 인구 감소 속도가 얼마나 빠른지 보여 주는 수치다. 게다가 한국에서는 인구 감소와 도시 집중 현상이 동시에 일어나고 있다. 현재 인구의 45.5퍼센트가 서울과 수도권에 집중되어 있으며 그 비율은 계속 높아지고 있다. 한국 제2의 도시인 부산은 청년 유출이 두드러져 시내 15개 대학 중 14곳이 정원 미달이다. 서울 외 지방에서는 이미 대학의 폐교가 시작되고 있다. 지난해 한국을 방문했을 때 '지방 인구 감소에 어떻게 대응하면 좋을까'라는 주제로 강연을 하게 됐다. 지방의 과소화와 무주지화*는 매우 심각한 문제인데도

---

* 無主地化. 원래 특정 공동체가 관습·공동 규칙으로 관리하던 토지나 자원이, 제도 변화나 소유권 재편을 거치며 '주인 없는 땅'(무주지)처럼 취급되는 과정을 가리킨다. 이렇게 되면 기존의 공동 이용·돌봄의 질서가 약해지고, 국가나 사적 소유로 편입되기 쉬워진다.

한국 내에서는 '서울 일극 집중'에 맞설 유효한 담론이 존재하지 않는 듯했다(그런 담론이 있다면 굳이 나 같은 외국인을 초청하지 않았을 것이다).

한국의 사례가 보여 주듯, 인구 감소 국면에서 자본주의는 필연적으로 도시 일극 집중을 선택한다. 나는 이런 현상을 '싱가포르화'라고 부른다. 도시 일극 집중은 자본주의 경제 시스템의 요청에 따른 것이다. 하지만 그 결과 국토 대부분이 무주지로 전락해 '산천'이 파괴되고 돌아갈 자연이 없는 미래를 국민에게 강요한다면, 정치 시스템 개편이 불가피해진다. 잘 모르는 사람이 많을 텐데, 싱가포르의 유일하고도 절대적인 국가 목표는 경제 발전이다. 이것이 싱가포르의 국시다. 그래서 모든 정책은 경제 발전 기여도를 기준으로 옳고 그름이 판단된다.

싱가포르는 일당독재 국가다. 국회는 있지만 인민행동당이 1968년부터 1981년까지 전 의석을 독점했고, 1981년 처음으로 야당이 1석을 얻었다. 2011년 총선에서 야당이 6석을 확보하자 리콴유는 '역사적 패배'의 책임을 지고 정계에서 은퇴했다. 노동조합은 사실상 존재하지 않는다(정부에서 공인한 조합에게만 파업권이 주어지고, 전체 노동자의 임금은 정부가 결정한다). 대학 입학 희망자는 정부로부터 '위험 사상을 갖고 있지 않다'는 증명서를 발급받아야 하므로 학생 운동도 존재하지 않는다. 치안법에 따라 영장 없이 체포가 가능하고 사실상 무기한 구금할 수 있으므로 정부 비판 세력은 조직적으로 배제된다. 야당 후보자를 당선시킨 선거구는 과세나 공공 투자에서 불이익을 받는다. 신문, TV, 라디오 등 거의 모든 언론 매체를 정부 계열 지주회사가 지배하고 있다. 정치 권력과 국부를 리씨 일족이 독점하고 있다는 점에서 북한의 김씨 왕조와 비슷하다. 그리고 지도를 보면 알 수 있듯 싱가포르에는 지방이 없고 도시뿐인데, 바로 그렇기 때문에 경제 활동이 매우 효율적으로 이루어진다.

현재 자민당이 목표로 하는 정치 개혁은 싱가포르의 정치 체제를 본보기로 삼는다. 반정부 세력에게 국회 의석을 주지 않고, 노동 운동을 규제하며, 언론을 장악한다. 또한 세습 귀족이 권좌를 차지하고, 정권과 친하면 자리가 보장되는 네포티즘이 만연하다. 최근 10년간 자민당이 보인 정치 행태는 그야말로 '싱가포르화'라고 부를 만하다. 싱가포르는 국민 감시 시스템을 중국에서 패키지로 수입한다. 중국 정부가 발명한 '사회적 신용 시스템'은 정권에 비판적인 시민의 신용 점수를 낮춰 해외여행을 금지하거나 열차와 호텔 예약을 막는 등 행동을 정밀하게 제한한다. 자민당 역시 이 국민 감시 시스템을 일본에 도입하고 싶어 하지만, 중국에서 직접 들여올 수는 없으니 어쩔 수 없이 자체적으로 정비하려 한 것이 바로 그 조잡한 마이넘버 카드My Number Card* 시스템이다. 그들의 목표는 중국이나 싱가포르와 별반 다르지 않다.

인구 감소 사회의 '병폐'가 있다면, 그건 사람들이 시끄럽게 떠들어 대듯 재원이 부족해 연금이나 사회보장 제도가 제대로 기능하지 못한다는 문제가 아니다. 문제는 일본이라는 나라가 극적으로 변하고 있음에도 불구하고 '인구 5천만 명이 된 일본 사회'의 모습에 대해 논의하는 것 자체가 제도적으로 억압되는 병적 현실이다.

인구 감소 사회의 병폐란, 인구 감소 사회를 살아갈 국민 전체가 (정·관·재계 지도자도 국민도) 하나같이 사고 정지에 빠져 있다는 사실이다. 그것 말고는 없다.

---

* 행정서비스 효율화를 위해 개인별로 부여된 12자리 고유 번호를 바탕으로 한 전자 신분증.

지금 세계 곳곳에서 일어나고 있는 사태는 '근대의 위기'라고 불러도 무방하다고 생각한다.

위기에 처한 것은 근대 시민사회의 기본 이념인 '공공'이다. '공공'이라는 개념 자체가 흔들리고 있다. 홉스와 로크와 루소의 근대 시민사회론에 따르면, 인간은 본래 자기 이익만을 추구하며 '만인의 만인에 대한 투쟁'을 벌여 왔다. 이 약육강식의 '자연 상태'에서는 가장 강한 개체가 모든 권력과 재화를 독점한다.

하지만 그런 구조 속에서는 진짜 '최강의 개체'조차도 자기 이익을 보장받을 수 없다. 누구든 밤에는 자고,

목욕할 때는 벌거벗으며, 때로는 병들고, 언젠가는 나이가 들어 쇠약해진다. 약점이 드러나는 순간 끝장나는 삶의 방식은 어떤 강자에게도 안정적인 이익을 보장하지 않는다. 그보다는 사권과 사재의 일부를 공공에 맡겨 공권력을 구축해 두는 편이 훨씬 안정적이다. 갈등이 생길 때 시비를 가리고 필요하다면 잘못한 쪽을 강제로 처벌하는 권한을 공공 시스템에 부여하면, 결과적으로 사권도 사재도 안정적으로 확보된다. 그러니까 인간이 정말로 이기적으로 사고하고 행동하는 존재라면, 사회계약을 맺어 '공공'을 구축할 수밖에 없다는 것이 근대 시민사회론의 핵심이다.

물론 이는 꾸며 낸 이야기다. 『리바이어던』*에서 말하는 '만인의 만인에 대한 투쟁'은 역사적으로 확인된 사실이 아니다. 사회계약설은 시민혁명을 정당화하려고 18세기 사람들이 지어낸 허구다. 그러나 역사적 조건이 요구하는 이야기라면, '꾸며 낸 이야기'라 해도 현실을 바꾸는 강력한 힘을 지닌다.

국제사회도 시민사회와 마찬가지다. 개인 대신 국

---

* 1651년 영국 철학자 홉스가 지은 책. 원제는 『리바이어던, 혹은 교회 및 세속적 공동체의 질료와 형상 및 권력』(Leviathan or The Matter, Forme, and Power of a Commonwealth Ecclesiasticall and Civil)으로, 교회 권력으로부터 해방된 국가의 성립을 논하고 있다. 리바이어던은 『구약성서』에 나오는 괴수 레비아탄의 영어 발음으로 국가 유기체를 비유한다.

민국가가 기본 '정치단위'라는 점만 다를 뿐, 국제사회 역시 사회문화적·역사적으로 '만들어진' 인공물이다. 그래서 국가는 내버려 두면 자국의 이익만을 추구하고, 계속 방치하면 만국의 만국에 대한 투쟁을 벌이게 된다. 이는 어느 정도까지는 역사적 사실이다. 그러나 두 차례의 세계대전을 거치면서 많은 나라가 '자국 제일주의'와 결별했다. 자국의 권리 행사와 이익 추구를 스스로 억제하고, 그 과정에서 붕 떠 버린 국권과 국부의 일부를 국제기구에 맡겨 세계적 차원의 '공공'을 구축했다. 그리고 이를 통해 국제질서를 유지하는 방향을 모색하게 됐다. 오르테가는 『대중의 반역』에서 "문명이란 무엇보다도 공동생활에의 의지"라고 말한다. 말 그대로 인류는 문명의 진화에 따라 분열을 극복하고 공생을 조금씩 실현해 왔다.

그러나 오늘날에는 근대적 국제질서의 이념 자체가 흔들리기 시작한 것 같다. 개인은 오로지 자기 이익만 추구하면 되고, 국가 또한 자기 이익만 추구하면 된다. 이런 '자기 제일주의'가 지배적인 이데올로기가 되어 가면서 개인도 국가도 공공에서 철수하려 한다. 법의 지배가 힘의 지배로 대체되고, 세계는 다시 약육강식의 자연 상태로 퇴행하려 한다. 내 눈에는 그렇게 비친다.

　도대체 왜 사람들은 공공으로부터 철수하기 시작한 것일까. 한 가지 이유는 국민국가가 기본 '정치단위'로서 제대로 기능하지 못하게 되었기 때문이다. 역사적으로 보면 국민국가는 베스트팔렌 조약을 기점으로 기본 정치단위 역할을 하게 됐다. '국민국가'란 인종·언어·종교·생활문화를 공유하는 동질적인 사람들이 '국민'을 형성하고, 이들이 정치단위로서의 '국가'를 형성한다고 보는 국가 모델이다. 국제사회는 이 국민국가를 기본 정치단위로 삼아 구축되었다.

　그러나 이는 어디까지나 막연한 인식이다. 세상이 그렇게 이루어져 있다고 우리가 막연히 인식하고 있을 뿐이다. 실제로 국제사회는 유엔 가입국인 193개 정치단위로만 구성되어 있지 않다. 상황에 따라서는 국민국가보다 더 큰 영향력을 행사하는 비국가 행위자가 존재한다. 새로이 등장한 대표적 비국가 행위자가 테러 조직이다. 알카에다나 이슬람국가IS* 같은 테러 조직은 애초에 지켜야 할 국민도 국토도 국경도 갖고 있지 않다.

　또 다른 주요 비국가 행위자는 글로벌 기업이다. 글로벌 기업은 특정 국가에 귀속되지 않고 주주들의 이익

---

* 2014년 이라크와 시리아 일대에서 영토를 점령하고 고대 이슬람 칼리프 국가의 부활을 선언한 극단주의 무장 조직.

극대화를 목표로 경제 활동을 전개한다. 과거 국민국가 내부에 속한 기업은 조국의 일자리를 늘리고 세금을 납부해 국고를 풍요롭게 하는 것을 (표면적으로는) 기업 활동의 동기로 내세웠다. 그런데 오늘날의 글로벌 기업에는 그런 게 없다. 제조 비용이 가장 낮은 나라에서 물건을 만들고, 인건비가 가장 싼 나라의 노동자를 고용하며, 세율이 가장 낮은 나라에 본사를 두어, 어느 국민국가의 국익에도 이바지하지 않으며 이익을 올리고 있다.

이처럼 테러 조직과 글로벌 기업이라는 두 비국가 행위자가 국제사회의 주요 플레이어가 되면서, '공공'이라는 개념은 급격히 공동화되었다고 생각한다. 그중에서도 특히 '테크 자이언트'Tech-Giants라고 불리는 거대 IT기업이 공공의 공동화를 가속화하고 있다.

칼 로즈의 『깨어 있는 자본주의』, 조엘 코트킨의 『신봉건주의가 온다 : 글로벌 중산층에 대한 경고』The Coming of Neo-Feudalism: A Warning to the Global Middle Class 같은 책은 테크 자이언트가 베스트팔렌 체제와 민주정에 가져올 위험에 경종을 울린다. 테크 자이언트는 이미 중규모 국가의 예산에 필적하는 자산을 보유하고 있다. GAFA(Google, Apple, Facebook, Amazon)의 순자산 총합은 프랑스의 GDP와 별 차이가 없다. 아마존 창업자 제프 베이조스의 개인 자산은 2080억 달러, 테슬라 CEO 일론 머스크의 개인 자산은 1870억 달러에 이른다. 얼마 전에는 세계 상위 부자 8명의 개인 자산이 하위 36억 명의 소득과 같다는 충격적인 통계가 나왔다. 이처럼 세계의 부가 초부유층에게 배타적으로 축적되는 경향은 점점 더 가속화되고 있다.

이뿐만이 아니다. 테크 자이언트의 첨단기술에는 현재의 세계 질서를 뿌리부터 뒤흔들 위험이 도사리고 있다. AI가 탑재된 무기는 전쟁의 형태를 확 바꿀 수 있다. 딥페이크와 국민 감시 시스템은 민주정을 파괴할 수 있다. 기술 혁신은 대규모 일자리 상실을 가져올 수 있다. 어떤 경우에도, 기술 진화가 가져오는 이익보다 그로 인한 위험이 더 크다.

지금까지는 기술 진화가 자연스러운 과정이며 누구도 멈출 수 없다고 여겨졌다. 사람들은 과학기술에서만큼은 낙관적인 진보 사관을 믿어 왔다. 그러나 최근 그런 믿음에 의문을 제기하는 기술적 신중주의techno-pruden-tialism가 등장했다. '인류에 큰 피해를 초래할 가능성이 있는 기술을 무분별하게 발전시켜서는 안 된다'는 주장이다. '인류에게 가져다주는 이익보다도 위험이 더 큰 기술'은 당연히 개발에 신중을 기해야 한다.

인류가 살아남으려면 과학기술의 진화를 일시 정지하고 조금 냉정해져야 한다는 얘기가, 바로 그 기술을 개발한 선진국 사람들 입에서 나왔다니 놀랍지 않은가. 그만큼 테크놀로지는 미친 듯이 폭주하고 있다.

그렇다면 리스크가 큰 기술 개발을 어떻게 억제할 수 있을까, 이것이 핵심 문제다. 그 첨단기술이 어떤 장치인지, 어떤 가능성과 어떤 리스크를 내포하고 있는지 정확히 이해하는 사람은 그것을 개발한 기업의 기술자뿐이다. 따라서 기술 진보를 억제하고자 국제회의를 연다면, 테크 자이언트의 구성원을 각국 정부와 동등한 자격으로 회의에 초청할 수밖에 없다. 이들의 협조 없이는 현행 국제 질서를 유지할 수 없게 된 이상, 테크 자이언트의 CEO나 개발 책임자를 한 나라의 대통령이나 총리와 동격인 정치 행위자로 대접해야 하는 것이다. 아이러니하게도, '인류에게 위험한 기술'을 개발한 이들이 바로 그 '공로' 덕에 국제회의에서는 한 나라의 원수와 같은 대우를 받는다.

테크 자이언트가 민주정에 가하는 위험은 이뿐만

이 아니다. 또 다른 위험은 초부유층이 민주국가의 일을 대행할 가능성이다. 빌 게이츠, 일론 머스크, 마크 저커버그 등은 2010년부터 대규모 사회공헌 캠페인을 시작해 기후 변화·교육·빈곤 문제 해결을 위해 수천억 달러를 쾌척했다. 요즘 초부유층은 '의식이 깨어 있고', 빈곤이나 질병으로 고통받는 사람들에게 동정적인, 이른바 '정치적으로 올바른' 행동을 선호한다고 한다. 전통적인 민주정에서는 시민이 자신들의 대표자를 의회에 보내 법률을 만들고 정부에게 시행하게끔 하는 수고를 해야 했다. 하지만 테크 자이언트를 '영주'로 받드는 '새로운 봉건제'에서는, '영주'님께 직접 청원하고 영주님이 '좋아!'라고 한마디 하면 금세 소망이 이루어진다. 민주주의의 번거로운 절차를 밟는 것보다 테크 자이언트로부터 '부의 여택'을 받는 편이 훨씬 빠르다. 그렇다면 민주제가 꼭 필요하지도 않다는 얘기가 된다. 칼 로즈의 말처럼 "민주제라는 긴 과정을 거치는 것보다 영주님 무릎에 매달려 주인님 식탁에서 떨어지는 빵 부스러기를 받아먹는 것이 더 현실적"이다. 민주정의 주권자로 나서기보다 무력한 평민으로 살면서 마음씨 좋은 영주님의 자비를 구걸하는 편이 더 빨리 행복해질 수 있다. 그런데 이런 생각이 퍼지면 민주정은 끝난다. 코트킨이 '신봉건주의'라고 부른 것은 바로 이런 미래 사회다.

전 세계적으로 위세를 떨치는 '자국 제일주의'는, 이들 비국가 행위자의 위협에 대응하는 국민국가 측의 방어 반응으로도 해석할 수 있다. '자국 제일주의자'들은 국제 질서를 유지하는 비용 부담을 거부하고 자국 이익의 극대화만을 추구한다. 중국, 러시아, 북한, 이란 같은 권위주의 국가들이 대표적이며 인도, 인도네시아, 튀르키예 등도 비슷한 태도를 보인다. 유럽에서도 민주 국가인 헝가리, 폴란드, 네덜란드 등은 선거를 통해 자국 제일주의를 내세우는 극우 정당에게 정권을 맡겼다. 미국도 트럼프가 재선되면 비용 부담을 거부할 것이다.

미국 유권자들이 트럼프를 선호한다는 것은, 중국이나 러시아 같은 권위주의 국가의 독재자에 맞서려면 민주주의 국가도 강력한 독재자를 지도자로 세울 수밖에 없다고 생각한다는 뜻이다. 우리는 국제 질서를 위해 룰을 지키며 억제적으로 행동하는데, 저쪽은 룰을 무시하고 이기적인 행동을 한다. 그렇다면 '우리도 룰을 무시할 수밖에 없다'는 직감적인 판단에 따르게 된 것이다.

전후 오랫동안 미국은 초패권 국가로서 국제 질서

를 주도해 왔다. 그 비용을 감당할 만한 군사력과 경제력을 보유하고 있었기에 가능한 일이었다. 그러나 이라크와 아프가니스탄에서 국력을 소모하고 경제력도 쇠퇴하면서, 미국은 결국 질서 유지 비용을 감당할 수 없게 됐다. 오바마가 '세계의 경찰관'을 이제 그만두겠다고 선언한 것도, 트럼프가 '미국 우선'을 내세운 것도 같은 맥락에서 벌어진 일이다. 물론 쇠퇴했다고는 해도 미국은 여전히 세계 최강의 군사·경제 대국이다. 그래서 미국이 '국제 질서 따위 난 모른다, 나만 좋으면 된다'는 식으로 나온다면 중국이나 러시아나 이란에 뒤질 리가 없다. 마음만 먹으면 세계 최강 불량국가가 될 수 있다는 얘기다. 세계 각국이 서로의 숨통을 끊는 야만적인 '자연 상태'로 돌아가도, 그 황폐해진 『매드 맥스 2』 같은 디스토피아에서도 마지막으로 살아남는 자는 미국일 것이다. 그리고 미국은 지금 그런 미래를 택하려 한다.

하지만 모든 국민국가가 자국 제일주의를 내세운다면, 그건 다 같이 스스로 목을 조르는 행위나 다름없다. '나만 좋으면 된다'에서 '나'는 얼마든지 작아질 수 있기 때문이다. 실제로 미국을 보면 텍사스와 캘리포니아에서 주 독립운동이 활발하게 펼쳐진다. 지금 미국 사회를 휩쓰는 '정체성 정치'identity politics란, 속성이 가까운 이들끼리 뭉쳐 자원을 놓고 다른 집단과 제로섬 쟁탈전을 벌이는 것이다. 일단 "너는 어느 부족이냐?"부터 묻는다. 다른 부족과는 공생하지도 협동하지도 않는다. 물론 공공재도 공유하지 않는다. 이처럼 미국에서는 '보다 동질적인 부족 단위로 축소되는' 경향이 꽤 오래전부터 뚜렷이 나타나고 있다. 조지아주 풀턴 카운티 샌디 스프링스 주민들은 자신들이 낸 세금이 다른 지역 빈민에게 분배되는 것을 꺼려 부자들만의 지자체를 만들었다. 부자가 사라지는 바람에 세수가 대폭 줄어든 풀턴 카운티는 도서관 등 공공시설이 유지되지 못하고 가로등마저 꺼졌으며, 그 결과 치안이 급격히 악화되었다. 이 '성공 사례'를 목격한 미국 전역의 부유층 거주 지자체에서 이를 따르려 하고 있다.

텍사스나 캘리포니아의 주 독립운동도 발상은 마찬가지다. 동질적인 사람들끼리만 부족을 형성해 자신들의 이익을 최우선시하겠다는 것이다. 이런 순화와 축소 추세가 가속화되면 미국은 머지않아 국가 결속력을 잃을지도 모른다. 공공은 일단 해체되기 시작하면 브레이크가 듣지 않는다. '공동체는 순도가 높을수록 좋다'는 규칙을 채택하면, 같은 부족 내에서도 더 높은 순도를 찾아 더 작은 동질 집단으로 분열되는 일을 멈출 수 없게된다. 공공을 형성하려는 노력, 즉 이해와 공감을 초월한타인과 공생하려는 노력을 거부한다면 어떤 공동체도언젠가는 해체될 수밖에 없다. 오르테가는 그것을 '야만'이라고 불렀다.

지금 우리가 직면한 상황은 근대의 한계라기보다는 '전근대로의 퇴행'에 가깝다. 그렇다면 논리적으로생각할 때 지금 필요한 것은 '근대의 부흥' 또는 '근대로의 회귀'다. (또 하나, '근대의 한계를 돌파해 지금껏 본적 없는 세계로 돌진한다'는 가속주의accelerationism라는선택지도 있지만, 이는 배제하겠다. 가속주의자들은 '본적 없는 세계'로 돌진하는 과정에 어떤 리스크가 따를지는 상상하려 들지 않기 때문이다.) '부흥'이나 '회귀'라는표현을 쓰니까 마치 과거에 근대가 존립했던 것처럼 느껴진다. 그러나 '근대 시민사회'란 역사상 한 번도 실현된 적 없는 환상일지도 모른다. 그렇다면 '근대 시민사회의 실현'이야말로 우리에게 부과된 역사적 사명일 것이다.

연고주의와 부족 민주주의가 지배하는 일본은 이제

3류 독재국가로 전락할 처지에 놓여 있다. 자민당 세습 의원들은 연고 부족을 형성하고 국민이 맡긴 공권력을 사리사욕에 쓰면서 공금을 사유화한다. 그런 무법 행위가 가능한 것은, 특권층 멤버들이 서로 긴밀히 연대하고 제휴하며 상호부조 네트워크를 구축했기 때문이다.

이처럼 특권층은 끈끈하게 연대하는 반면, 가난한 국민은 자기 책임을 요구받으며 분열되고 고립되어 있다. 기묘하지만 현실이 그렇다. 역사를 돌아봐도, 부유층과 권력자는 언제나 상호부조 네트워크를 구축해 혜택을 누렸다. 그러나 가난한 대중은 '세상에 연대란 존재하지 않는다, 자기 이익 극대화를 위한 경쟁만 있을 뿐'이라는 이데올로기를 주입당한다. 대중은 이를 믿고 치열한 경쟁에 뛰어들어 서로의 발목을 잡고, 공공재 분배에서는 소외되어 정치적으로 무력한 상태에 놓인다.

착각하는 사람이 많은데, 지금의 일본 사회는 다 똑같이 약육강식의 경쟁에 내던져진 것이 아니다. 특권층은 상호부조 네트워크 속에서 정치적 · 경제적 리스크를 방어하는 공동 작업을 우직하게 해 나간다. 그 덕분에 특권층 멤버가 되면 법을 어겨도 처벌받지 않고, 뒷돈을 챙겨도 세금이 부과되지 않으며, 아무리 실정을 저질러도 언론에 보도되지 않고…… 등등의 특권을 누린다. 반면 가난하고 무력한 대중에게는 '승자가 모든 것을 가져가고 패자는 자기 책임으로 길거리에서 객사할 수밖에 없다'는 신자유주의 이데올로기가 선택적으로 주입된다. 특권층은 신자유주의 이데올로기를 선포하면서도 정작 자신들은 그것을 믿지 않는다. 그것은 어디까지나 가난한 사람을 위한 이데올로기로, 그들이 결코 그 계층을 이탈해 사회적 상승을 이룰 수 없도록, 그들을 무력한 지위에 묶어 두는 데 극히 효과적이다.

물론 특권층에게도 특권을 누리는 데 따른 의무가 부과된다. 이들에게는 직업 선택의 자유도, 이동의 자유도, 언론의 자유도 없다. 자기 부족에 충성을 맹세하고 부족이 부여한 역할을 충실히 수행해야 그 대가로 권력과 부를 분배받기 때문이다. 하지만 혜택이 엄청나다 보니 특권층은 기꺼이 자유를 희생하며 자신들의 '작은 공공'에 충성을 맹세한다.

부르주아지는 연대하고 프롤레타리아는 고립돼 있다. 예나 지금이나 변치 않는 사실이다. 그래서 마르크스는 『공산당 선언』의 마지막에서 "만국의 프롤레타리아여, 연대하라"며 사자후를 토했다. 부르주아지는 국경을 넘어 연대하는데 프롤레타리아는 국경선으로 분단돼 있다. 마르크스는 바로 이 점을 지적한 것이다. 지금의 일본처럼 국민 다수가 가난하고 정치적으로 무력한 상태에 놓여 있다면, 통치 비용은 싸게 먹힌다. 지배층이 공공재를 사유화하든 공권력을 사사로이 쓰든 아무도 이의를 제기하지 않는다.

특권층에게는 참으로 살기 좋은 사회다. 그러나 그런 사회에서는 '새로운 것'이 아무것도 탄생하지 않는다. 지배층이 공공재를 사재로 전환하는 동안 집단 전체가 누려야 할 공공재는 점점 부족해진다. 한 집단의 빈부를 결정하는 것은 그 집단에서 가장 부유한 사람의 개인 자산 총액이 아니다. 집단 전원이 접근하고 공유할 수 있는 공공재가 얼마나 있느냐이다. 1퍼센트의 부유층이 천문학적 개인 자산을 소유하고 나머지 99퍼센트는 빈곤한 사회를 '잘사는 사회'라고 부를 수는 없다. 집단의 빈부를 결정하는 것은 그 집단의 자산 총액이 아니라, 그 자산 중 얼마가 공공에 맡겨져 있느냐이다.

유럽 중세에는 마을 사람들이 '커먼즈'(공유지)에서 자유롭게 방목, 사냥, 고기잡이, 채집 활동을 할 권리가 있었다. 따라서 개인 자산이 부족해도 커먼즈가 풍요로우면 생활이 크게 어렵지는 않았다. 하지만 부자들이 공유지를 사들여 사유지로 삼자 촌락 공동체는 해체되었다. 가난해진 사람들은 도시로 가야 했고, 결국 노동력 말고는 팔 것이 없는 프롤레타리아로 전락했다.

　일본인도 커먼즈를 계속 잃어 가고 있다. 그 실상은 일본이 가난해진다는 것이다. 이 체제가 지속되면 일본의 국력은 쇠퇴의 길을 걸을 수밖에 없다. 그러거나 말거나 특권층은 개의치 않는다. 그들 입장에서 보면 '나라'는 어떻게 되든 상관없다. 아직 일본에는 팔아 치울 만한 것이 얼마든지 있다. 땅도 있고 관광 자원도 있고 물도 있고 사회적 인프라도 있다. 그런 것을 외국 자본에 팔아 사재로 전환하면, 일본이 침몰해도 자기들은 하와이나 싱가포르나 캐나다로 도망쳐 손자 세대까지는 우아하게 살 수 있다. 그래서 그들은 자산을 해외로 옮기고, 해외에 집을 사고, 해외에서 사업을 벌이는 등 '난파선'에서 탈출할 준비를 단단히 하고 있다. 그들이 아슬아슬하게 난파선에 머무는 이유는, 아직 일본 열도에 챙길 만한 '보배'가 산더미처럼 남아 있기 때문이다. 모든 걸 챙기고 나면 그들은 전용 '구명보트'를 타고 도망칠 생각이다.

지금 우리는 '일본'이라는 정치단위 자체가 해체의 임계점에 도달한 역사적 순간을 목격하고 있다. 배외주의의 격화는 붕괴의 징조를 본능적으로 감지한 사람들의 공포에서 비롯된 반응이다. 하지만 배외주의자조차 잘 안다. 일본을 망가뜨리는 것은 이민자도 외국인도 아니다. 일본인 자신이다. 이는 인종차별주의자조차 아는 사실이다. 앞으로 '중국 위협론' '이민 망국론' 같은 담론은 더욱 거칠고 노골적인 형태로 세상을 뒤덮을 것이다. 그러나 그런 담론을 퍼뜨리며 내부에서 국가를 갉아먹는 자들이 입으로는 "애국심을 가지라"고 외친다. 얼마나 기묘한 일인가. 나라를 좀먹는 당사자가 국민에게 나라를 사랑하라고 한다. 도대체 그 입은 어느 나라의 입인가? 진정으로 국민이 이 나라를 사랑하게 만들고 싶다면, '어딜 가도 이 나라만큼 좋은 곳은 없다, 무슨 일이 있어도 이 땅에서 살아가고 싶다'고 국민이 스스로 느끼게끔 하면 된다. 그럴 때 사람들은 자발적으로 국기를 존중하고, 기꺼이 세금을 납부하며, 국가를 지키고자 쾌히 나설 것이다. 애국심은 선전으로 주입되는 것이 아니다. 살기 좋은 공동체 안에서 자연스레 싹트는 감정이다. 그래도 나는 일본이 아직 완전히 희망을 잃었다고는 생각하지 않는다.

이 땅에는 여전히 작은 희망들이 살아 있다. '작은 공공성'을 손수 세우려는 사람들이 일본 곳곳에 있다. 기타큐슈에서 '호보쿠'抱僕*라는 이름으로 노숙인 지원 활동을 이어 가는 오쿠다 도모시 목사, 간사이에서 위기에 놓인 10대 청소년을 지원하는 비영리조직 'D×P'를 운영하는 이마이 노리아키 씨 같은 이들이다. 누가 시켜서 하는 게 아니다. 그들은 자기 손으로, 자기 돈으로 고립되고 가난한 사람들을 '공공'이라는 울타리 안으로 다시 끌어들이려 애쓰고 있다. 나는 그들의 활동을 깊이 존경한다. 이유는 하나다. 그들이 '공공'을 복원하고 있기 때문이다. 작지만 대단히 중요한 '공공'을.

이런 작고 조용한 시도들이 서로 연결되어 느슨하지만 단단한 네트워크를 이룬다면, 우리는 여전히 '근대'를 복원할 가능성을 포기하지 않아도 된다. 이것이 지금 내가 떠올릴 수 있는 가장 현실적이고 가장 도덕적인 길이다.

일본의 장래는 밝지 않다. 하지만 완전히 어둡지도 않다.

---

* '종복처럼 낮은 이들(僕)을 품어 안는다(抱)'는 뜻이다.

가난한 사회
vs.
궁상맞은 사회

지금까지 꽤 오래 살았지만, 일본의 국력이 이토록 저하된 시기는 일찍이 없었다. 팬데믹, 이상 기후, 우크라이나 전쟁, 인구 감소…… 지구적 차원의 거대한 문제에 세계인의 이목이 쏠린 와중에, 국내에서는 정치와 미디어가 끝도 없이 추락하고 있으며 경제는 완전히 침체 국면으로 접어들었다. 국민 생활의 마지막 버팀목인 교육과 의료마저 엄혹한 상황에 놓여 있다. 어디에서도 희망이 보이지 않는다.

그래도 마음을 가다듬고 자세히 살펴보면, 일본의 국력에는 충분한 여력이 있다. 열도 곳곳에 풍요로운 산천이 펼쳐져 있고, 온화한 기후와 비옥한 토양과 풍부한 수자원 덕분에 다양한 동식물이 서식한다. 온천, 꽃과 단풍 명소, 신사와 불각 같은 관광 자원도 풍성하고, 음식 문화와 대중문화, 전통 예능도 세계적 수준에 이른 것이 적지 않다. 국력의 토대는 충분히 두텁다. 국민 모두가 이를 소중히 지키고 사용하고 가꿔 나간다면, 앞으로 100년쯤 '윤택하고 살기 좋은 나라'로 존속하는 것은 어렵지 않을 것이다.

그런데 참으로 희한하게도, 정·관·재계에는 이런 안온한 미래를 그리는 사람이 보이지 않는다. 언론계나 학계에서도 찾아보기 힘들다. 오로지 눈에 불을 켜고 기사회생의 대박을 노리는 이들만 보인다. 방위비를 두 배로 늘려 언제든지 전쟁할 수 있는 나라로 만들자며 기세등등한 자들, 올림픽이니 엑스포니 카지노니 리니어 신칸센이니 하면서 "성공하면 경제 파급 효과가 수조 엔"이라고 잡지도 않은 너구리 가죽을 팔겠다는 자들, "생산성 없는 녀석은 살 가치가 없다"고 공공연하게 말하는 학자와 방송 패널.

한쪽에는 저임금에 허덕이고, 불쉿 잡Bullshit job*에 피폐해지고, 온갖 갑질에 정신이 황폐해져 어두운 얼굴

---

* 영국 인류학자 데이비드 그레이버가 제시한 개념으로, '너무나 철저하게 무의미하고 불필요하고 해로워서 종사자 자신조차도 일이 존재해야 하는 정당한 이유를 찾지 못하는 직업'을 가리킨다.

로 일터에 나가는 노동자들이 있다. 잘사는 나라에 왜 이렇게 가난한 사람들이 있을까? 깊이 고민해야 할 문제다.

　가난한 것과 궁상맞은 것은 다르다. 먼저 이 얘기부터 해 보겠다. 가난이란 객관적이고 현실적인 경제 상태를 말한다. 정신 상태와는 직접 관련이 없다. 그래서 가난해도 풍요로운 마음으로 살아갈 수 있다.

　내가 어렸을 적, 세키가와 나쓰오*가 '공화적 가난'이라고 일컫던 1950년대 일본 사회가 그런 모습이었다. 오랜 전쟁이 끝나 징집될 일도 없고, 공습을 피해 달아날 필요도 없고, 헌병이나 특별고등경찰이나 이웃의 감시를 두려워하지 않아도 되는 사회에서 어른들은 가난하지만 마음 편히 하루하루 생업에 힘썼다. 집은 오두막집, 옷은 단벌옷, 밥상에는 반찬 하나뿐, 놀 거리라고는 아무것도 없었다. 그래도 나에겐 참으로 즐거운 어린 시절이었다.

　이웃들도 모두 가난했지만 그래서 더더욱 서로 도우며 살아갔다. 음식을 나눠 먹고, 전당포 이용법을 가르쳐 주고, 서로 아이를 맡겼다. 행정 기능이 미약하던 시

---

* 1949년 도쿄 출생. 일본의 만화 평론가·논픽션 작가·칼럼니스트. 문화·사회·역사를 아우르는 폭넓은 주제를 다루며, 특히 만화 문화와 전후 일본 사회에 대한 깊이 있는 통찰로 잘 알려져 있다. 만화의 역사를 다룬 『전후 만화사』(戦後マンガ史)를 비롯해 다수의 에세이와 평론집을 썼다.

절이라 방범이든 방재든 공중위생이든 동네 사람들끼리 힘을 모아 어떻게든 해결할 수밖에 없었다. 겨울이면 어른들이 '불조심'을 외치며 동네를 돌았고, 일요일 아침이면 온 동네 사람이 총출동해 도랑을 치웠다. 아이들은 머리를 짜내 놀이를 발명하고, 해 떨어질 때까지 골목이나 신사 경내에서 시간 가는 줄 모르고 뛰어놀았다. 가난했지만 어린 시절의 나는 조금도 불행하지 않았다.

그래도 가끔은 장난감이라든지 과자라든지, 무언가 탐나는 게 생겨서 어머니에게 사 달라고 말을 꺼내 봤다. 그러면 곧바로 "안 돼"라는 대답이 돌아왔다. "왜?" "우리 집은 가난하니까." "왜 가난해?" "전쟁에 졌으니까." 모자간의 대화는 늘 이렇게 끝났다. 더 이상 말해 봐도 소용없다는 건 어린 나도 잘 알았다. 1950~1960년대의 일본인은 가난했지만 '궁상'을 떨지는 않았다.

그런데 언젠가부터 일본인은 궁상맞아졌다. '궁상 맞다'는 것은 경제적인 상황을 말하는 게 아니라 마음이 가난하다는 뜻이다. 남의 부유함을 시샘하는 모습도 궁상맞고, 얼마 안 되는 내 재산을 꽁꽁 숨겨 누구와도 나누지 않는 태도 역시 궁상맞다. 무엇보다도 '공공재'로서 모두가 공유하는 부에서 자기 '몫'을 최대한 챙기려는 행동이 가장 궁상맞다.

아이러니하게도, 1964년 도쿄올림픽을 기점으로 서민의 삶이 풍요로워지면서 사람들은 더 궁상맞아졌다. 경제 고도성장의 혜택을 남보다 먼저 누리며 냉장고나 TV나 자가용을 소유하게 된 가정들은 집 주위에 담장을 두르기 시작했다. 아마 무의식적으로 이웃의 '질투와 악의에 찬 눈빛'을 차단하려는 행동이었을 것이다. 그동안 쉽게 드나들던 이웃집인데 어른들 얼굴에 미묘하게 성가신 기색이 비쳤고, 쌀이나 반찬을 빌려주거나 나누는 일도 사라졌다. 나아가 교외에 더 나은 집을 지을 수 있게 된 사람들이 차례차례 동네를 탈출하면서, '가난한 공화정'은 허무하게 막을 내렸다. 돈이 생기면 오히려 궁상맞아지고 상호부조 정신이 사라지고 공동체는 텅 비고 만다는 사실을 나는 그때 배웠다.

내 10대와 20대는 고도성장이 지속되던 시기였고, 30대에는 거품경제를 경험했다. 모두가 돈벌이에 열중하고, 주관적으로는 일본이 세계에서 제일 부자라고 느끼던 시절이다. 일본인들은 맨해튼 마천루를 사고, 할리우드 영화를 사고, 프랑스 샤토를 사고, 이탈리아 와이너리를 사고, 하와이 콘도미니엄을 샀다. 골드코스트와 코스타 델 솔에 은퇴한 부유층을 위한 별장을 지을 땅까지 샀다. 가격표가 붙은 것은 뭐든 살 수 있다고 여기며 행복감에 젖어 있었다.

이때의 일본인은 딱히 궁상맞지 않았다. 자신의 파이가 계속 커지고 있을 때는 남의 파이에 신경 쓸 필요가 없기 때문이다. 욕망은 날마다 부풀어 올랐지만, 시기 질투에 애태우거나 부유한 사람의 몰락을 바라는 일은 (별로) 없었다. 심지어 나처럼 아무런 생산성이나 사회적 유용성이 없는 연구를 하는 학자들에게도 넉넉한 연구비가 돌아왔다. 부동산과 주식을 사고파느라 바쁜 회사원 친구들은 월급만으로 조촐하게 사는 나를 보며 돈 벌 줄 모르는 놈이라며 비웃긴 했지만, "뭐 다들 하고 싶은 일 하고 살면 되지. 우리 돈벌이에 방해가 되는 것도 아니고" 하면서 내버려 두었다.

하지만 그런 무사태평한 시절도 불시에 막을 내렸다. 자신의 파이가 줄어들기 시작하자 사람들은 돌연 궁상맞아지며 남의 몫을 놓고 왈가왈부하기 시작했다. '일도 안 하면서 많이 가져가는 녀석이 있다, 자원은 사회적 유용성을 바탕으로 차등 배분해야 한다'는 논리를 들이대면서 일본인은 점점 더 궁상맞아졌다. 공무원의 기득

권을 박탈하라느니, 생활보호 대상자의 무임승차를 허용하지 말라느니, 생산성 없는 인간은 떠나라느니, 내가 기억하는 한 이런 말들은 모두 이 시기에 처음 등장했다. 그 전까지는 들어 본 적이 없었다.

21세기에 들어서서 어느덧 사반세기가 흘렀다. 지금의 젊은 세대에게 "일본은 잘사는 나라인가, 가난한 나라인가?"라고 물으면 아마 절반 이상이 "가난한 나라"라고 대답할 것이다. 2022년 기준으로 GDP는 간신히 세계 3위를 지키고 있지만 1인당 GDP는 28위로 내려앉았다. 싱가포르와 홍콩보다 뒤처졌고 한국과 타이완에 추월당하는 것도 시간문제다. 군사력만 예외적으로 삐죽 솟아 있을 뿐 나머지 국력 지표는 전반적으로 하락 추세다. 평균 급여는 OECD 28개국 중 22위, 젠더 격차 지수는 146개국 중 116위, 언론 자유도는 180개국 중 71위. 일본은 이제 가난하고 자유롭지 않고 살기 힘든 나라가 됐다.

몇 년 전에 한 미국 잡지에서 '일본 대학의 쇠퇴'라는 주제로 특집 보도를 했다. 인터뷰에 응한 교수와 학생들은 일본 대학의 실상을 묘사하면서 'trapped'(함정에 빠졌다) 'suffocating'(숨 막힌다) 'stuck'(꼼짝달싹할 수 없다)처럼 신체적 고통을 나타내는 표현으로 묘사했다. 이는 아마 오늘날 일본 사회를 살아가는 많은 사람이 공통적으로 느끼는 감각일 것이다.

지금 일본에서 두드러지는 현상은, 부유층일수록 그리고 권력 주변에 있을수록 궁상맞다는 것이다. 그들은 공공재를 무단으로 빼돌려 사유재산으로 삼을 권리, 공권력을 사적으로 유용할 권리가 자기들에게 부여된 것으로 해석하고 있다. 공공사업에 쓰여야 할 세금을 중간에서 착복하고 공금을 사유화하는 데 민관 할 것 없이 이토록 열심이었던 적은, 내가 아는 한 과거에는 없었다. 세금을 거둬 용처를 정하는 사람들의 저런 행태를 형용하는 데 '궁상맞다'보다 더 적절한 말이 있을까 모르겠다. 지금의 일본에서 '사회적 상승을 이룬다'는 것은 '더더욱 궁상맞아진다'는 뜻이다. 정말이다. 현대 일본어 사전에서 '권력자'란, '공권력을 사적으로 이용하고 공공재를 사유화할 수 있는 사람'을 말한다. 사람들이 그런 지위에 오르는 것을 목표로 날마다 구슬땀을 흘리며 노력하는데, 나라 전체가 빈털터리가 되는 것은 당연한 일이다. 이런 궁상에 진저리가 난다. 가난해도 좋다. 궁상맞지 않은 사회에 살고 싶다.

그렇다면 궁상맞지 않은 사회란 어떤 사회인가. 일난 내가 패전 후 일본에서 보고 들은 공화적 동네는 궁상맞지 않았다. 남의 부유함을 부러워하지 않고, 약자를 버리지 않으며, 내 것을 재지 않고 서로 나눈다. 공공재가 되도록 풍요로워지도록 노력한다. 따지고 보면 그게 전부다. 실제로 어른들이 그렇게 행동하고, 그게 예삿일이라고 아이들이 생각한다면 그 사회는 물질적으로 가난해도 궁상맞지는 않다. 되도록이면 그런 사회에서 살고 싶다.

'공공'을 영어로는 'common'라고 한다. 원래 의미는 '공유지', 즉 울타리가 없는 숲과 초원처럼 촌락 공동체가 공유하고 공동 관리하는 땅이다. 마을 사람들은 그곳에서 자유로이 방목, 고기잡이, 사냥, 채집 활동 등을 할 수 있었다. 따라서 개인 재산이 부족해도 커먼즈가 풍요로운 공동체에 속해 있다면 넉넉한 삶을 누릴 수 있었다.

유럽에는 중세부터 어느 나라에나 이런 '커먼즈'가 존재했다. 대표적인 것이 가톨릭 교구에 기반한 프랑스의 '코뮌'이다. 100명가량의 작은 규모부터 마르세유처럼 100만 명에 이르는 대규모까지 다양하지만, 모두 동일한 행정단위로서의 지위를 가졌다. 코뮌의 중심에는 교회가 있고, 광장을 사이에 두고 맞은편에 시 청사가 자리하며, 주민들은 시 의회를 열어 직접 시장을 뽑았다. 독일에는 고대부터 중세까지 '마르크 협동체'Markgenossenschaft라는 공동체가 있었다. 이곳에서는 토지를 부족 공동체에서 공동으로 소유하며 생산 방식도 엄격히 규제했다. 토지 매매는 금지되었고, 수확물은 공동체 내에서 소비하는 것이 원칙이라 목재·고기·와인 등의 외부 반출이 허용되지 않았다. 땅이 누구의 것도 아니었기에 수확물도 특정인의 사유재산이 될 수 없었고, 그 결과 지배-피지배 관계도 발생하지 않았다. 사이토 고헤이*에 따르면, 만년의 마르크스가 코뮤니즘(코뮌주의) 사회를 구상할 때 바로 이 마르크 협동체를 주요 모델로 삼았다고 한다.[1]

나는 '풍요'라는 표현은 사재가 아니라 공공재에만 써야 한다고 생각한다. 구성원 가운데 누군가가 천문학적인 부를 사유해 호사스러운 소비 활동을 한다 해도, 누구나 접근할 수 있는 '커먼즈'가 빈약하다면 그 집단은 결코 '풍요로운 공동체'라고 부를 수 없다. 신분이나 재산이나 개인 능력과 관계없이 구성원 누구나 '커먼즈'의

---

* 일본의 1987년생 철학자·경제학자. '생태사회주의'와 '탈성장' 이론으로 유명하다. 『나는 넘어지고, 싸우고, 울었다』 『제로에서 시작하는 자본론』 『지속 불가능 자본주의』 등을 썼다.

혜택을 누리는 것, 그것이 '풍요'의 진정한 의미다. 마르크스가 그렇게 생각했고 나도 마찬가지다. 사재의 증식보다 모든 구성원을 부양할 수 있을 만큼 커먼즈가 풍요로워지는 것을 우선시하는 태도가 바로 '코뮤니즘'이라고 생각한다. 개인적인 정의라서 일반성을 요구하진 않겠지만, 내게는 그걸로 충분하다.

　빈부는 개인을 놓고 말할 문제가 아니다. 공동체에 관한 문제다. 우리에게 정말 절실한 것은, 우리 사회에 얼마나 부유한 개인이 존재하는가가 아니라 우리 사회가 얼마나 풍부한 공통분모를 공유하고 있는가이다. 한 사회가 부유한지 가난한지를 결정하는 것은 자원의 절대량이 아니라 그 집단이 소유한 부 가운데 얼마나 많은 부분이 '커먼즈'로서 전원에게 개방되어 있는가이다. 이 정의에 따르면, 일본뿐 아니라 오늘날 세계는 형편없이 가난하다. 세계에서 가장 부유한 8명의 자산 총액이 하위 소득자 37억 명, 즉 세계 인구의 절반의 자산 총액과 같기 때문이다. 나는 이런 세계를 '풍요롭다'고 일컫는 것에 동의하지 않는다.

　하지만 이 사실을 깨닫고 다시 한번 일본을 '풍요로운' 사회로 만들고자 애쓰는 사람들이 나타났다. 이는

GDP를 어떻게 끌어올릴지가 아니라, 어떻게 다시 한번 풍요로운 '커먼즈'를 만들지에 대한 고민이다. 요즘 내 주변에도 사재를 털어 다 같이 쓸 수 있는 공공장소를 만드는 사람들이 심심찮게 보인다. 나 자신도 10여 년 전에 고베에 개풍관凱風館이라는 도장을 열었다. 무도 수련뿐만 아니라 노 무대로도 활용할 수 있게끔 설계했다. 다다미에 좌탁을 나란히 놓고 세미나를 열기도 하고, 영화 상영회나 낭독회, 라쿠고*나 기다유부시** 같은 공연도 진행한다. 소소하지만 나는 이것도 하나의 '커먼즈'라고 생각한다.

이런 소소한 커먼즈가 지금 일본 전역에서 동시다발적·자연발생적으로 생겨나고 있다. 커먼즈를 손수 만들어 가는 이들의 활동은 일부러 귀 기울이지 않아도 자연스럽게 전해지며, 뜻하지 않은 곳에서 우연히 만나기도 한다. 그러다 문득 돌아보면, 이미 상당히 확장성 있는 네트워크가 형성되어 있다.

이런 '코뮤니즘'은 과거 소련이나 중국의 공산주의와는 본질적으로 다르다. 새로운 '코뮤니스트'들은 부자

---

* 에도 시대에 생겨난 희극 구연 예능. 별다는 무대 장치 없이 한 사람이 부채와 손수건만 들고 방석에 앉아 몸짓과 입담만으로 이야기를 풀어 간다.
** 에도 시대 오사카에서 다케모토 기다유가 창시한 전통 예능. '타이유'(太夫)라는 해설자가 전통 악기 샤미센 반주에 맞춰 이야기를 펼치는데, 라쿠고보다 장중한 분위기다.

나 사회적 강자에게 '공공을 위해 사재를 털라, 공공을 위해 사권 제한을 받아들이라'고 강제하지 않기 때문이다. 공공을 세우고자 먼저 살을 깎는 사람은 너도 아니고 그 녀석도 아니다. 바로 '나' 자신이다.

그런 각오를 해야 한다. 풍요로운 사회는 그렇게밖에 만들어지지 않는다. 동의하는 사람은 아직 적지만, 나는 그렇게 확신하고 있다.

어느 문학상 심사에 관여하는 편집자에게서 들은 얘기다. 그 문학상에서는 먼저 편집자들이 '예심'을 진행한 후, 후보작을 추려 본심에 올린다고 한다. 응모작이 수백 편이나 들어오니 당연한 절차다. 그런데 예심 과정에서 한 젊은 편집자가 어떤 작품을 놓고 "이건 떨어뜨립시다"라며 낮은 점수를 줬다고 한다. 이유를 묻자 그는 "주인공에게 공감이 안 돼요"라고 아무렇지 않게 대답했다고.

나에게 그 얘기를 해 주면서 편집자가 한숨을 푹 쉬었다. "깜짝 놀랐어요. 주인공에게 자신이 공감할 수 있

는지가 문학 작품의 질을 판단하는 기준이라니……." 나
도 "예삿일이 아니군요"라고 맞장구쳤다. 그 기준이라
면 『악령』이나 『변신』은 아마도 1차 심사에서 떨어졌을
것이다. '공감할 수 있는가'는 개인 성향이며, '자기와 비
슷하다'는 사실이 그 작품에 '가치가 있다'는 뜻은 아니
다. 이는 자명한 이치라고 생각했는데, 언제부터인가 그
렇지 않게 되어 버렸다. 어느 시점부터 '자기와 케미가
맞는지'가 '가치' 평가의 기준으로 자리 잡았다.

이번 도쿄도지사 선거를 다룬 글 중에도, 2위를 차
지한 이시마루 신지* 후보를 두고 "젊은 세대의 공감을
얻었다"는 분석이 많았다. 나도 동의한다. 그의 공격적
이고 냉소적인 태도는 젊은 세대가 생존을 위해 익힌 강
력한 무기다. 그러니 그들이 이시마루 후보를 '케미가 맞
는' 사람이라고 느끼는 것은 이상한 일이 아니다.

이를 두고 좌파 쪽 사람들은 '계몽주의적' 해석으로
기우는 경향이 있다. '젊은 세대는 정보가 부족해서 그런
선택을 했다, 이시마루에 대해 제대로 알았다면 그에게
표를 던지지 않았을 것이다'라는 식이지만, 나는 그런 생
각에 쉽게 동의할 수 없다. 투표가 오로지 '공감'에 기반

---

* 1982년생 정치인. 미쓰비시 UFJ 은행에서 근무한 경력이
있으며, 2020년 아키타카타 시장에 당선되어 2024년 5월까
지 재임했다. 지방 정치의 비효율과 관료주의에 대해 거침없
이 비판하는 강경하고 단호한 언행으로 주목받았으며, 이후
도쿄도지사 선거 등에 출마하며 전국적인 인지도를 얻었다.

을 두는 행위라면 정보량은 문제가 되지 않기 때문이다. 공감이 중요하다면 이시마루 후보의 정치적 입장이나 공약은 아무래도 상관없다. 영상을 보고 유세를 들으며 '자기와 기질이 같은 인간'이라고 느끼면, 그것만으로 투표 결정을 내리기에 충분한 정보다.

하지만 그것이 얼마나 위험한 행위인지는 확실히 경고해야 한다고 생각한다. '공감'에 기반해 정치적 판단을 내린다는 것은, 자신이 이해도 공감도 할 수 없는 사람들과의 커뮤니케이션을 처음부터 포기하겠다는 뜻이기 때문이다.

그런데 이 위험성에 대해서는 좌파 역시 별로 민감하지 않은 것 같다. 꽤 오래전부터 좌파 진영에서도 '시민의 눈높이'나 '생활자 관점'이라는 말을 흔히 사용하고 있다. 만약 그것을 근거로 공약의 적절성을 판단해도 된다면, 결국 정치적 행동의 기준은 '나에게 이득이 되는가'로 귀결될 수밖에 없다. 하지만 개인 이익 증대가 집단 전체의 이익 증대로 이어지는 것은 아니다. 부분 최적과 전체 최적은 종종 충돌한다. 당연한 일이다. 그렇다면, 어디쯤에서 절충점을 찾을지를 고민하는 것이 정치적으로 성숙한 시민이 해야 할 일이 아닐까? 단순히 '시민의 눈높이'라고 말해 버리는 사람이 우파의 공감 기반 투표 행태를 비판할 자격이 있을까?

내가 우려하는 것은, 지난 20년간 공감 기반 정치에 대한 강한 우려나 비판을 거의 본 적이 없다는 점이다. 오히려 사람들은 '이해할 수 있고 공감할 수 있는 내 사람'의 범위를 정밀하게 설정하는 것을 '정체성 확립'이라 칭하며 그 불모의 작업에 오랫동안 몰두해 왔다. 그러면서 암묵적인 눈짓이나 암호만으로 '내 사람'을 식별하는 기술을 갈고닦아 왔다. 어찌 보면 훌륭한 성취일지도 모른다. 하지만 그렇게 집요하게 공감의 울타리를 둘러친 결과, 어느 날 문득 돌아보니 '내 사람'이 아닌 이들과는 의사소통이 거의 불가능해져 버린 것은 아닐까?

그런데 그 '내 사람' 인식은 일종의 관계 망상에 지나지 않는다. '저 사람은 나와 케미가 맞는다'고 믿고 있을 뿐이다. 비정규직 청년이 '경영자 마인드'를 내면화하거나, 연봉 200만 엔을 받는 사람이 IT 재벌에게 열광하는 모습은 드문 일이 아니다. 하지만 상대방은 '가난한 내 사람'을 사적인 파티에 초대할 생각이 추호도 없다.

근대 시민사회가 종래의 부족 사회에서 벗어날 수 있었던 것은 '공감 기반'을 폐기하고 '사회계약 기반'으로 전환했기 때문이다. 공감 기반으로는 일정 규모 이상의 집단을 유지할 수 없다. 구 유고슬라비아는 한때 '6개 나라, 5개 민족, 4개 언어, 3개 종교, 2개 문자'로 구성된 혼성 국가였다. 하지만 '정치단위는 공감에 기반해야 한다'는 이데올로기가 지배적이 되면서 내전을 거쳐 6개 국가로 분해되고 말았다.

스페인의 철학자 오르테가는 지금으로부터 거의 100년 전에 이렇게 썼다. "문명이란 무엇보다도 먼저 공동생활에 대한 의지다. 타인을 고려하지 않을수록 비문명적이고 야만적이다. 야만이란 해체의 경향이다. 그렇기 때문에, 모든 야만의 시대는 인간이 흩어지는 시대이며, 서로 분열되고 적대적인 소집단들이 우글거리는 시대다."[2]

지금 세계는 다시 야만으로 회귀하는 듯하다. 내 눈에는 그렇게 보인다.

오스트리아의 철학자 칼 포퍼는 '과학성'의 정의를 '반증 가능성'falsifiability에서 찾았다. 오해받기 쉬운 개념이지만, 포퍼는 이를 설명하려고 탁월한 비유를 든다.

로빈슨 크루소가 무인도에서 남아도는 시간을 보내려고 물리화학 실험실이나 천문 관측 장비를 만들고, 100퍼센트 관찰과 실험에 기반해 '세계는 어떻게 성립하는가'라는 주제로 논문을 썼다고 가정하자. 그리고 그 논문에 제시된 성과가 오늘날 과학에서 일반적으로 받아들여지는 여러 명제와 완전히 일치한다고 치자. 자, 그러면 이 '크루소적 과학'은 '과학적'이라고 할 수 있을까?

포퍼는 "아니다"라고 대답한다. '크루소의 성과를 검증할 수 있는 사람이 그 자신 말고는 아무도 없기' 때문이다. 즉 "그건 너만의 착각이야!"라든가 "그 계산 틀린 거 아니야?"라든가 "네 실험 결과와 내 연구소에서의 재현 실험 결과가 일치하지 않는데……"라고 말할 수 있는 타인이 주위에 없기 때문이다.

여기서 중요한 것은 반증을 시도하는 사람의 주장이 반드시 옳다는 것이 아니다. "그건 네 착각이야!"라고 말하는 사람이 실제로는 자기 편견에 사로잡혔을 수도 있고, "네 계산 틀렸어!"라고 주장하는 사람이 오히려 계산을 잘못했을 수도 있다. 포퍼가 말하려는 바는 "반증이 옳을 때, 반증당한 명제는 과학적이지 않다"가 아니다. 반증이 옳다면 그 명제는 단순히 '틀렸을' 뿐이다. 핵심은 '반증의 기회가 확보되어 있는가'이다.

로빈슨 크루소의 명제가 과학적이지 않다고 여겨지는 이유는, 그 섬의 주민(자기 자신)이 "자신의 연구를 그것을 하지 않은 다른 사람에게 설명하려는 시도를 할 수 없기"[3] 때문이다. 포퍼에 따르면, "'과학적 객관성'이라 불리는 것은 과학자 개인의 중립성의 산물이 아니라, 과학적 방법의 사회적 혹은 공공적 성격의 산물이다. 따라서 과학자 개인의 중립성은 (그것이 존재한다면) 사회적이고 제도적으로 조직된 과학의 객관성의 근원이 아니라, 오히려 그 결과이다."[4]

포퍼가 말한 '과학적 방법의 사회적·공공적 성격'을 나는 다른 논고에서 '장場에 대한 신뢰'라고 바꾸어 표현한 적이 있다. '언론의 자유'를 논하는 글이었는데, 논의의 흐름을 따라가기 위해 잠깐 곁길로 새어 보자.

'언론의 자유'란 '누구든 자신이 생각하는 바를 소리 높여 주장할 수 있으며, 반론을 가로막거나 협박으로 침묵시키는 것도 포함된다'는 의미가 아니다(그렇게 이해하는 사람이 매우 많지만). 언론의 자유란, 복수의 이론異論이 자유롭게 오가는 공적 담론의 장에서 언젠가는 각각의 주장에 대한 옳고 그름이 가려질 것이라는 믿음, 즉 그 '장'의 판단력에 대한 신뢰를 뜻한다. 언론의 자유는 제도적으로 미리 마련된 '실체로 존재하는' 것이 아니다. 개개인이 그때그때 '만들어 내는' 것이다. 의견이 다른 사람들이 "나는 내 주장의 옳고 그름에 대한 판단을 이 장에 맡기겠다"고 맹세함으로써 언론의 시비를 판단하는 공공의 장이 만들어진다.

따라서 우리가 우선적으로 고려할 문제는 '어떤 명

제가 진리인가'가 아니라 '시비를 판단하는 장에 대한 신뢰'이다. 그런데 이 논리를 곧바로 이해하는 사람은 드물다. 대부분은 어떤 명제가 진리라고 확정되었다면, 그에 반대하는 의견은 억누르거나 제거해도 된다고 생각한다(어차피 반론은 틀린 것이니까). 자신이 말하는 명제가 진리임을 이미 아는 사람은 '언론의 자유'를 바라지 않는다. 그가 언론의 자유를 원한다고 말한다면 그건 거짓말이다. 그가 진정으로 원하는 것은 '계몽할 자유, 자기주장을 선포할 자유, 반대자를 침묵시킬 자유'일 뿐이다.

많은 사람이 '그걸로 충분하지 않느냐'고 말할 것이다. '옳은 것'을 말하는데 방해할 필요가 있겠느냐고. 물론 그 수준에서만 논의한다면 맞는 얘기다. 그러나 우리가 역사적 경험을 통해 배운 것은 정반대이다. '옳은 것'을 말하는 사람만 자유롭게 말하게 하고 '틀린 것'을 말하는 사람은 억눌러도 좋다는 규칙을 적용하면, 결국 모든 사람이 "나만이 옳은 것을 말하고 있으며, 나를 제외한 모든 사람은 틀렸다. 따라서 나에게만 언론의 자유가 있고, 다른 이들에게는 없다"고 주장하게 된다.

그렇게 주장하는 이들 가운데 '정말로 옳은 것'을

말하는 사람도 있을 수 있다. 그러나 그가 "내 말이 옳다는 것은 자명하니, 그 진위를 검증하는 것은 시간 낭비다. 그러니 저들을 침묵시켜라"라고 요구하는 순간, 그의 '옳음'이 공적으로 승인받는 길은 막혀 버린다. 자신의 '옳음'을 외치는 데 급급한 나머지 옳고 그름을 가리는 장이 존재한다는 사실을 간과하는 순간, 그는 '반증 가능성'을 포기하고 '로빈슨 크루소의 입장'으로 추락한다. 모두가 "나만이 옳다"고 주장하는 상황에서 해결책은 하나뿐이다. "잠깐만, 다들 조용히 해!"라고 외치는 것이다.

그 대신 이렇게 말해 보면 어떨까. "자, 우선 모두의 이야기를 차례차례 들어 보자" "이 장에서 이루어질 합의를 시비 판단의 기준으로 삼자" 또한 '여기서 이루어진 합의'는 어디까지나 임시적이라는 데에도 합의한다. 장이 승인한 것은 어디까지나 '잠정적 진리'에 지나지 않는다. 그러므로 새로운 반증 사례나 미지의 데이터가 제시되면, '잠정적 왕위'는 유보되고, 진리를 둘러싼 논의가 다시 시작되며, 장의 판단도 새롭게 내려진다. 근대 사회는 이런 규칙에 합의했다. 여러 방법을 시도한 끝에, '정말로 옳은 것을 말하는 사람에게만 선택적으로 언론의 자유를 허용하는' 것보다 '언론이 오가는 장의 시비 판단력을 신뢰하는' 편이 세상을 훨씬 살기 좋게 만든다는 사실을 깨달았기 때문이다.

'세상이 살기 좋아진다'는 것은 진리의 문제를 잊은 채 어영부영 배불리 먹고 평온히 지낸다는 뜻이 아니다. 진리를 단 한 사람에게 일임하는 대신 모두가 진위의 판단에 관여해야 한다는 뜻이다. 그 결과 누구나 비교적 진지하게 생각하는 분위기가 조성되고, 그만큼 인류 전체의 지적 역량은 전체적으로 활성화된다는 뜻이다. '진리만을 말하는 소수'를 예외적으로 우대하는 것보다, '틀린 말을 하는 압도적 다수'에게 '자신이 틀렸음을 자각할 기회'를 보장하는 편이 인류라는 종 전체의 총합을 따져 보면 플러스가 된다는 뜻이다.

옳고 그름을 판단하는 공공의 장이 마련되면 사람들이 말하는 방식도 달라진다. '내 주장이 옳다고 큰소리로 외치기'를 삼가고, '내가 하는 일을 그 일을 하지 않은 누군가에게 설명하려고' 애쓰게 된다. 내 경험에 비춰 보면, 자기 주장에 확신이 있는 사람은 설명을 좋아하지 않는다. '주지의 사실인데'라든가 '두말할 필요도 없이' 같은 표현을 자주 쓰는 사람이 바로 그런 부류다. 반면, 자신의 '옳음'을 인정해 줄 사람을 단 한 명이라도 더 얻고 싶은 사람은 성심성의껏 말한다. 자신이 가진 모든 근거를 제시하고, 가능한 모든 수사를 동원하며, 온갖 다채로운 비유를 펼쳐 가며 어떻게든 이해를 구하려 애쓴다. 매달리듯, 간청하듯 말한다. 그렇게 할 수 있는 이유는 그가 '언론이 오가는 장의 판단력'을 신뢰하기 때문이다. 그 자리에 있는 청중의 지성을 신뢰하고, 그들의 판단력에 경의를 품고 있기 때문이다.

　무성의하고 딱딱하고 건조한 설명이 우리를 불쾌하게 만드는 이유는, 그 설명이 틀렸기 때문이 아니다(틀리지 않을 수도 있다). 그 설명에서 청중의 지성이나 판단력에 대한 신뢰나 경의의 흔적을 조금도 찾아볼 수 없기 때문이다. "네가 내 의견에 동의하든 말든, 내 의견의 진리성은 흔들리지 않아"라고 누군가가 귀에 대고 끊임없이 외친다면 얼마나 피로하겠는가. 그 말은 사실상 "너는 존재할 필요가 없다"는 선언이기 때문이다. "너 같은 건 없어도 돼"라는 메시지를 계속 들으면, 그 저주는 산성酸性 물질처럼 우리의 생명력을 서서히, 하지만 확실히 침식한다.

　이야기가 옆으로 많이 샜다. 본론으로 돌아가자.

'과학성'에 대해 이야기하던 중이었다. '과학성'은 어떤 명제가 옳으냐 그르냐의 문제가 아니라, 그 명제의 진위가 공적인 장에서 검증될 수 있느냐에 달린 문제다. 칼 포퍼가 '반증 가능성'이라는 어휘꾸러미로 말하고자 했던 핵심도 바로 이것이다. 왜 개별 명제의 진위 여부보다 그 명제들이 받아들여지고 조율되는 '커뮤니케이션의 장'의 존재가 우선으로 고려되어야 하는가? 이유는 어이없을 만큼 단순하다. 그편이 인류 전체의 지적 역량의 총량을 늘리기 때문이다.

이는 '언론의 자유'와 똑같은 논리다. '언론의 자유의 장'을 확보하는 것이, '진실을 말하는 사람 외에는 발언할 권리가 없다'는 규칙으로 게임을 운영하는 것보다 플레이어 전체의 역량을 높여 준다. 그래서 '언론의 자유'가 중요한 것이다. '나만이 진리를 말하고 있다'고 주장하는 사람이 그 명제의 진리성을 근거로 언론의 장을 독점하는 것이 허용된다면, 그 사람 이외의 모든 이의 지성은 서서히 무뎌진다. 그러므로 '진리를 말하는 소수'가 때때로 나타나 언론을 독점하는 시스템보다, 최대한 많은 사람이 자발적으로 지적 역량을 높이게끔 설계된 시스템 속에서 '나 자신'이 행복해질 확률이 더 높다.

칼 포퍼는 유대계 오스트리아인이다. 그가 『열린 사회와 그 적들』이라는 책을 쓴 것은 '닫힌 사회'(히틀러의 제3제국이나 스탈린의 소련)에서 그의 동포들이 조직적으로 살해된 이후의 일이었다. 그가 '적'이라는 강한 단어에 담은 의미는, '옳은 이론이라는 이름으로 대량 학살을 저지르는 자들'을 가리킨다. 이 사실을 알고 나면, 포퍼의 '반증 가능성' 이론 속에는 "당신들과는 다른 이성으로 사고하는 자들을 허용하라. 그들에게 자신의 이야기를 정성껏 말할 기회를 주라"는 실존적 절규에 가까운 호소가 흐르고 있음을 이해할 수 있다.

모든 자연과학은, 얼핏 보면 무작위로 일어나는 듯한 자연 현상의 이면에 수리적인 법칙성이 존재한다는 것을 직감한 과학자들에 의해 발전을 거듭해 왔다. 그러한 과학적 지성의 원형은 자연을 조용히 관찰하는 아이들의 모습 속에서 찾아볼 수 있다. 아이들을 자연 속에 가만히 놔두면, 얼마 뒤 저마다 흥미에 따라 '관찰할 대상'을 골라낸다. 어떤 아이는 곤충을 바라보고, 어떤 아이는 꽃을, 어떤 아이는 하늘의 구름을, 또 어떤 아이는 해안에 밀려드는 파도를 바라본다. 그렇게 무언가를 바라보는 가운데 아이들이 관찰 대상에 '푹 빠져드는' 순간이 찾아온다. 그 모습을 옆에서 지켜보면 확실히 느낄 수 있다.

그렇다면 아이들은 도대체 어떤 경우에 '빠져드는' 걸까? 바로 '패턴을 발견했을 때'이다. 곤충의 움직임에서 일정한 법칙성을 직감할 때, 꽃잎의 형태에서 반복되는 도형을 발견할 때, 해안에 밀려드는 파도의 크기에서 일정한 패턴을 감지할 때, 아이들은 그들 나름대로 소박한 '가설'을 세운다. 그 가설이 맞는다면 다음에는 '이런 일'이 일어나리라 예측하고, 예측대로 사건이 일어나는지 숨죽이고 지켜본다. 그 순간 아이들은 자연 속으로 한 걸음 더 발을 들이고, 급기야는 자연에 녹아든다. 옆에서 보고만 있어도 벅찬 감동이 밀려온다. 아이들 안에서 과학적 지성이 작동하는 순간을 목격하고 있기 때문이다.

이와 같은 '몰입 경험'은 "한마디로 딱 잘라 설명해 달라"며 단순한 해답을 원하는 지적 갈망과 비슷해 보이지만, 본질적으로 다르다. 둘 다 무작위로 보이는 현상의 이면에 존재하는 수리적 질서를 추구한다는 점은 같지만 결정적인 차이가 있다. 그것은 바로 '선구적인 직관'에는 시간이 관련되어 있다는 점이다. 자신이 어떤 법칙을 선구적으로 파악하고 있음을 직감하지만 아직 그것을 말로 설명하지 못할 때, 몸부림치는 듯한 이 전향적인 자세 속에서 시간은 중대한 역할을 한다. '아직은 알수 없지만 언젠가는 알 수 있을 것'이라는 예견이 유지되는 이유는, 시간이 흐르면서 그 예견의 윤곽이나 감촉이 점점 뚜렷해지기 때문이다.

　'익어 간다'는 표현을 써도 좋다. 푸른 열매가 시간이 흐르며 점점 과육이 많아지고 붉게 물들고 묵직해져 무르익은 과일이 되어 가는 과정과 비슷하다. 「Time is on my side」라는 롤링 스톤스의 명곡이 있다. '시간은 내 편'이라는 말은, 시간의 흐름에 따라 자신의 예견이나 희망에 점점 현실감이 생기고, 그 느낌이 지금 이 순간에도 감지되고 있다는 뜻이다. '페르마의 마지막 정리'가 증명되기까지는 무려 360년이 걸렸다. 한 사람의 생애를 훌쩍 넘어 한 왕조의 흥망성쇠에 비견될 만한 시간이다. 그토록 긴 시간 동안 그 예측이 유지될 수 있었던 것은, '시간의 흐름과 함께 증명에 점점 가까워지고 있다'는 실감을 수학자들이 세대를 이어 가며 공유했기 때문이다.

　'내가 보고 있는 것의 이면에 아름다운 질서, 놀라우리만큼 단순한 법칙성이 숨어 있는 것이 아닐까.' 이런 직관은 인간에게 어떤 '전율' 같은 감동을 안겨 준다. 이때의 전율은, 그 질서나 법칙을 발견한 덕분에 명성이나 높은 학술적 지위나 세속적인 이득을 얻으리라 기대하며 느끼는 전율과는 다르다. 사실 '그 가치나 의미를 누구나 즉각적으로 이해할 법한 발견'에서는 그리 깊은 감동을 얻지 못할 것이다(직접 해 본 경험이 아니라서 어디까지나 상상이지만). 노벨상을 받을 만한 발견을 했다. 그런데 학술지에 서둘러 투고하지 않으면 '다른 누군가'가 똑같은 발견을 해서 우선권이나 특허를 빼앗길까 두려워서 느끼는 전율은, 지금 내가 말하는 '전율'과는 다른 종류다. '다른 누군가'가 똑같은 발견을 할 수도 있으니 서둘러야 한다는 그 자세 자체에, 본질적으로 반지성적인 무언가가 깃들어 있는 느낌이 든다. 자신의 눈에 직관적으로 보인 가설이 '다른 누군가가 곧장' 뒤쫓을 수 있는 것이라면, 그것은 사실 그렇게까지 선구적인 직관은 아니었다는 뜻이기 때문이다.

진정한 직관은 인간을 훨씬 더 거대한 시간의 흐름 속에 세워 둔다. 지금껏 누구도 알아채지 못했던 '거대한 지식의 빙산'의 한 조각을 내가 건드렸다. 그것은 너무나 거대해서 나 혼자서는 일생을 바쳐도 전체상을 밝힐 수 없다. 내가 발견한 것이 무엇인지는 앞으로 이어질 여러 세대와의 긴 협업을 통해서만 밝혀낼 수 있다. 이러한 거대한 전망 속에서 아직 태어나지도 않은 미래의 공동 연구자들과의 확고한 연대를 느낄 때, 인간은 비로소 '전율'을 경험하게 될 것이다.

인간이 '전율'을 느끼는 순간은, 긴 시간의 흐름 속에서 자신이 '있어야 할 때에, 있어야 할 장소에서, 해야 할 일을 하고 있다'고 실감할 때이다. 그러나 있어야 할 시간도 장소도 해야 할 일도 단독으로는 성립되지 않는다. 죽은 이들과 아직 태어나지 않은 이들까지 포함해 무수한 사람들과의 시공을 초월한 협업이라는 발상 없이는 성립할 수 없다. 이미 존재하지 않는 이들, 더불어 아직 존재하지 않는 이들과의 협업이라는 이미지를 생생하게 감지할 수 있는 사람 안에서만 '나 말고는 누구도 대신할 수 없는 사명'이라는 개념이 신체화된다. 자연과학이란 바로 그런 것이다.

포퍼는 말한다. "사람이 명확하고 논리적인 커뮤니케이션 훈련을 쌓을 수 있는 길은 단 하나, 자신의 일을 그것을 한 번도 해 본 적 없는 사람에게 설명하려는 시도 안에서만 가능하다. 그리고 이런 커뮤니케이션 훈련 또

한 과학적 방법의 구성 요소다."[5] 이어 과학적 객관성이란 무엇인가에 대해서 매우 명확한 정의를 내린다. "우리가 '과학적 객관성'이라고 부르는 것은 과학자의 개인적 무편향성의 산물이 아니다. 그렇지 않다. 그것은 과학적 방법이 지닌 사회적 혹은 공공적 성격의 산물이다. 그리고 과학자의 개인적 무편향성은(설령 그런 것이 존재한다 하더라도) 사회적 또는 제도적으로 구축된 과학적 객관성의 결과일 뿐이지, 그 기원은 아니다."[6] "과학과 그 객관성은 개별 과학자가 '객관적'이 되려는 개인적인 노력에서 비롯된 것이 아니다(그럴 수도 없다). 그렇지 않다. 그것은 과학자 다수의 우호적이면서도 대립적인 협동에서 비롯된 것이다."[7]

나는 포퍼가 '과학'에 관해 말한 것을 '지성'에도 그대로 적용할 수 있다고 생각한다. 과학과 마찬가지로, 지성이 지성적일 수 있는 것은 그것이 '사회적 또는 공공적 성격'을 지닐 때뿐이다. 개인이 아무리 '지성적으로 되려고' 애써도 혼자서는 결코 지성적일 수 없다.

지성은 '사회적이거나 공공적인' 형태로만 구축되고 작동한다. 다만 '사회적이거나 공공적'이라는 말에서 막연히 '학회' 같은 것을 연상해서는 안 된다. 여러 전문가가 한자리에 모여 서로 솔직하게 업적을 평가하는 구조가 갖추어졌다는 것만으로는 '사회적이거나 공공적'이라는 조건이 충족되지 않는다. 실제로 20세기 이후에도 우리는 당대 최고의 학자들이 권력자의 마음에 들 법한 학설의 보증인이 되는 사례를 여러 나라에서 수도 없이 보아 왔다.

어떤 한 시점에 압도적 지지를 얻은 지배적 학설이라 할지라도 '사회적이거나 공공적'이라는 조건을 충족하는 것은 아니다. '사회적이거나 공공적'이 되려면 반드시 시간과 손을 잡아야 한다. 시간의 경과에 따라 학설여기저기 흩어져 있던 '빈틈'이 하나씩 하나씩 메워져 가는, 그렇게 역동적인 방식으로 구성된 것을 '사회적이거나 공공적인' 언명이라고 불러야 한다고 나는 생각한다.

그것이 가능하려면, '원리적으로는 그 자리에 있을 수 없는 이들' 또한 그 과정에 포함되어야 한다. 죽은 이들과 태어나지 않은 이들에게도 그 자리에 참여할 정식 초대장이 발송되어야 한다. '사회성' '공공성'이란 지금 여기에서의 찬성자 숫자로 측정되는 것이 아니다. 과거와 미래, 양방향으로 열린 시간성이야말로 사회성과 공공성을 구성하는 본질적 조건이라고 생각한다. 내가 '협동'이라는 말에 담고 싶은 것은, 지금 이 자리에 '존재하지 않는 이들'까지도 정회원으로 포함하는, '시공을 넘어 확장된 공동체의 활동'이라는 이미지다.

포퍼는 과학자가 선행 세대 과학자들의 '어깨에 올라서서' 연구를 한다는 탁월한 은유를 사용했다. 우리는 이미 죽은 이들로부터 받은 선물의 혜택을 누리고 있다. 그렇다면 우리가 지금 해낸 작업의 성과에 어떤 가치가 있다면, 그 열매를 받는 사람은 미래의 과학자들, 아직 태어나지도 않았고 얼굴도 모르는 과학자들이 될 것이다. 선행 세대로부터 전달받은 '바통'을 다음 세대로 이어 주는 것, 포퍼의 '사회적 또는 공공적'이라는 말에서 나는 바로 그런 시간의 흐름 속에서 발생하는 연결을 떠올린다.

그렇기에 나는 시간의 흐름 속에서 그 진리성이 점차 익어 가는 언명을 '지성적'이라고 부르고 싶다. 이렇듯 내가 시간의 관여에 매달리는 이유는, '무작위적 사건들 이면에 존재하는 수리적 질서를 환히 꿰뚫어 보는 지성의 갈망'이 반드시 지성적인 것은 아니라는 점을 말하고 싶어서다.

대표적 사례가 음모론이다. 동시대에 많은 지지자

를 얻었다는 의미에서만 보면 그것은 '사회적·공공적'인 가설이라고 말할 수도 있다. 하지만 거기에는 구조적으로 중요한 요소가 빠져 있다. 바로 시간이다. 프랑스의 반유대주의자 드뤼몽은, 고대 로마부터 현대에 이르기까지 유럽의 모든 역사는 '셈족의 세계 지배 음모와의 투쟁의 역사'이기 때문에 앞으로도 같은 투쟁이 형태만 바꾸어 계속될 것이라고 쓴 바 있다. 그의 이야기 속에서는 죽은 자들도 미래 세계의 사람들도 그 모습은 거의 바뀌지 않고 동일하다. 셈족은 영원히 변하지 않는 셈적 특성을 지니고, 아리아인도 영원히 아리아적 특성을 지닌다. 그렇게 되면 세계사의 전망은 놀라울 정도로 단순해진다. 모든 역사적 사건은 동일한 투쟁의 반복과 변주에 지나지 않는다. 드뤼몽의 이야기 안에서 죽은 자들은 모두가 뻣뻣한 '꼭두각시'처럼 개성 없고 무표정하다. 그들은 단 하나의 쉽게 이해되는 이야기를 반복하려고 계속 소환될 뿐이다.

드뤼몽이 쓴 방대한 반유대주의 문헌을 읽으면서 여러 번 숨이 막혔다. 그가 보는 과거란 거의 현재와 다름없었다. 고대 로마인도 중세 기사도 19세기 말의 프랑스 신사와 같은 논리와 감수성으로 행동했다. 그 절망적인 '확장 없음'에 나는 넌더리가 났다. 그를 통해 나는 반지성주의를 결정짓는 핵심은 바로 '비확장성' '경직성' '무시간성'이라는 사실을 배웠다.

나는 논쟁을 하지 않는다. 누군가가 시비를 걸어 와도 그냥 넘긴다. 논쟁은 의미 없다고 생각하기 때문이다. 내가 어떤 주장을 했다. 그걸 '틀렸다'고 말하는 사람이 있다. 내 말에는 내 나름의 근거가 있고, 나를 잘못되었다고 말하는 이의 주장에도 그 나름의 근거가 있(을 것이)다.

하지만 어느 쪽이 옳은지는 제삼자가 판단할 일이다. 세상의 이목을 끌어다 놓고 맞붙어 싸운 다음 승패를 공개해야만 어느 쪽이 옳은지 알릴 수 있다고 생각하는 것은 논쟁 당사자의 오만일 뿐이다. 나는 '자유로운 언론이 오가는 장'의 심판력을 믿는다. 그래서 나는 내 주장을 '언론의 자유가 보장된 장'에 풀어놓는다. 다른 이들도 각자의 주장을 그 자리에 풀어놓으면, 몇 년이든 수십 년이든 시간이 흐른 뒤에 그중 어느 것이 남을 것이다(아무것도 남지 않을 수도 있다). 그건 내가 정하는 것이 아니다. 언론의 장이 결정할 일이다. 내가 직접 나서서 다른 이의 주장을 몰아낼 필요는 없다. 사라질 것은 사라지고, 남을 것은 남는다. 나는 장기적이고 집단적인 지혜를 믿고 있다.

그래서 나는 오르테가와 함께 '문명'의 편에 서고자 한다. '문명의 편에 선다'는 것은 이론異論과 이설異說이 공존하는 장을 지키는 일이다. 나는 이것이야말로 '공공적 행동'의 근본이라고 생각한다.

그렇다면 정치인은 왜 권력을 사유화하게 되었는가? 오르테가식으로 말하면, 왜 정치인은 '야만'화되었는가? 그들이 '타자와 공생하는 것'의 중요성을 잊었기 때문이다. '이해도 공감도 불가능한 타인'이라 하더라도 우리는 그들과 공간을 공유하고, 타협하며, 경우에 따라 협력하여 가치 있는 무언가를 함께 만들어 낼 수 있다. 그것이 바로 '문명'이다.

다시 한번 강조하면, '공인'이란 '적과 더불어 살아

가고, 반대자와 함께 통치할 수 있는' 인간을 말한다. 적어도 통치에 관여하는 사람이라면 그런 이상을 지향해야 한다고 생각한다.

하지만 공인으로 살아가기란 쉽지 않다. 우선 윤리적 인내심이 요구된다. "오얏나무 밑에서 갓끈을 고쳐매지 말고, 참외밭에서 신발을 고쳐 신지 말라"는 옛말이 있다. 이대로 하자면 몹시 불편하겠지만, 공인은 그 불편함을 참아야 한다. 공인에게는 '올바르게 행동하는 것'만큼, 아니 어쩌면 그보다 더 중요한 것이 '올바르게 행동하는 것처럼 보이는 것'이기 때문이다. '겉으로는 죄를 지은 것처럼 보여도 사실은 죄를 짓지 않았다'는 변명은 공인에게 허용되지 않는다. 공인은 '유죄 추정'을 감내해야 하는 존재이다. 그게 싫다면 애초에 공직을 목표로 삼지 말아야 한다.

한 가지 어려움이 더 있다. 전 국민의 이해관계를 고르게 고려해 정치를 수행하면, 전 국민이 어느 정도 똑같이 불만을 느끼는 지점이 '타협점'이 될 수밖에 없다. 결국 공공을 고려한 정치는 '전 국민이 똑같이 어느 정도 불만스러워하는 상태'가 그나마 괜찮은 성과라는 결론에 이른다. 따라서 지지자의 열광과 환호를 얻고자 정치인이 된 사람은 공인으로서 행동하는 것을 싫어하게 된다. 그보다는 자신을 지지하는 이들의 요구를 100퍼센트 충족시키고, 그들이 기뻐 날뛰는 모습을 보는 것이 훨씬 더 기분 좋다. 반대파의 요구에는 '0점 답변'으로 응답하고, 그들이 굴욕감에 치를 떠는 모습을 보는 것이 더 통쾌하다. 국민을 적군과 아군으로 가르고 적의를 품은 자들끼리 반목하게 하는 상태가 실은 가장 통치하기 쉬운 상태다. 이러한 생각을 하는 정치인이 전 세계적으로 늘고 있다. 물론 통치의 효율성만 따진다면 그게 맞을 수도 있다.

하지만 그런 사회에서 사람들은 점점 '공동생활을 향한 의지'를 잃고, '타자와 공생하는' 능력도 쇠퇴한다. 결국 왜 같은 공간에서 이해도 공감도 안 되는 사람들을 견디며 살아야 하는지조차 알 수 없게 될 것이다. 바로 그때, 문명의 맥도 끊어진다. 지금 우리 사회는 그쪽으로 가고 있다.

계층 간 격차가 확대되고 있다. 소득 격차를 측정하는 지표인 지니 계수는 격차가 전혀 없는 상태를 0, 한 사람이 모든 소득을 독점하는 상태를 1로 정의한다. 일본의 지니 계수는 1981년 0.35에서 2021년 0.56으로 계속 상승했으며, 이 추세는 앞으로도 멈추지 않을 듯하다. 한때 '일억총중산층'으로 불리던 국가의 모습은 더 이상 찾아볼 수 없다.

이처럼 격차가 확대되는 주요 원인은 고용 형태가 달라졌기 때문이다. 과거 일본 기업에서는 종신 고용과 연공서열이 지배적인 고용 체계였다. 그 시절을 기억하

는 사람은 이제 소수파가 되었지만, 정말 편안한 시절이었다. 우에키 히토시의 「돈트 타령」ドント節*(아오시마 유키오 작사)은 "샐러리맨은 편한 직업이구나"라는 강렬한 구절로 시작된다. 물론 과장된 부분도 있지만 그 나름의 현실감이 있다.

1960년대 초반, 직장인의 일상을 생생히 그려 낸 오즈 야스지로의 영화 속에서 직장인들은 작은 식당의 좌식 공간에서 낮부터 맥주를 마시고 오후 업무를 이어 간다. 정시 퇴근도 당연한 일이다. 우리 아버지도 그랬다. 매일 같은 전철로 출근하고 같은 전철로 귀가했다. 비가 오면 우산을 들고 아버지를 맞이하러 나온 아이들이 역 앞에 줄줄이 서 있었다. 요즘 사람들에겐 믿기 어려운 풍경일 것이다. 하지만 이처럼 정형화된 루틴을 유지하던 시대에 일본 경제는 믿기 어려울 정도로 급격히 성장했다. 그 시대의 일본인들이 매우 효율적으로 일했기 때문이라고 생각한다.

왜 효율적이었을까? '평가'나 '심사'에 시간과 노력을 허비하지 않았기 때문이다. 연공서열이란 결국 '근무 평가를 하지 않는다'는 뜻이다. 누가 어떤 능력을 갖추고 있는지는 그가 하는 일을 보면 알 수 있다. 그 사람이 일

---

* 영어 'Don't'에 일본 전통가요 형식을 나타내는 접미사 '節'(부시)가 결합된 말로, 'Don't'라는 부정적 단어를 반복하며 세상의 복잡하고 귀찮은 일을 "하지 말라"고 풍자적으로 외치던 유행가.

하는 모습을 보고 능력에 맞는 업무를 주면 된다. 별도로 평가하거나 등급을 매길 필요가 없다. 부하가 어려운 업무를 능숙하게 처리하면 상사는 어깨를 두드려 주며 "고마워, 다음에 한잔 살게"라고 하면 충분했다. 그 시절 일본 기업에는 이른바 '불필요한 업무'가 매우 적었다. 인류학자 데이비드 그레이버는 '불쉿 잡'을 '종사자 본인조차 그 존재를 정당화하기 어려울 정도로 완전히 무의미하고, 불필요하며, 해로운 고용 형태'라고 정의한다. 영국에서 실시된 여론 조사에서 "당신이 하는 일은 세상에 의미 있는 기여를 하나요?"라는 질문에 37퍼센트가 "아니오"라고 답했다. 현재 일본에서 같은 조사를 진행한다면 "아니오"가 50퍼센트를 넘을 것이다. 사회가 기능하는 데 필수적인 일을 '에센셜 워크'essential work라고 부른다. 공공 교통수단이나 라이프 라인Life Line* 관리 및 운영, 행정, 경찰, 소방, 의료, 교육, 의식주 필수품의 생산 및 유통 같은 '에센셜 워크'가 제대로 기능하지 않으면 사회가 돌아가지 않는다. 반면, 없어도 아무도 불편하지 않은 일을 하는 '불필요한 업무 종사자'가 있다. 그들의 주요 업무는 '필수 업무 종사자'가 제대로 일하는지 관리하거나, 근무 평가를 하거나, 조직 내 '합리화'를 추

---

* 사람들의 일상생활과 도시 기능 유지에 필수적인 기반 시설과 서비스를 가리키는 말로, 특히 대규모 지진, 태풍, 홍수 등 재난 상황에서 중요성이 강조된다.

진하거나, 조직의 상명하달 구조를 확인하는 일이다. 그런데 이들이 '필수 업무 종사자'보다 훨씬 높은 급여를 받는다.

비논리적으로 들리겠지만, 베블런의 『유한계급론』에 따르면 인류가 농업을 시작한 이래로 늘 그래 왔다고 한다. 실제로 노동을 통해 가치를 창출하는 사람들이 사회의 최하층으로 분류되고, 어떤 가치도 창출하지 않고 기생하는 왕족, 귀족, 군인, 성직자 등이 더 풍요로운 삶을 누린다. 현재 일본에서 격차가 확대되고 있다는 것은, 달리 말하면 '어떤 가치도 창출하지 않고 하층민의 노동에 기생하며 거드름을 피우는 사람들'이 늘어나고 있다는 뜻이다. 그러면서 일부는 천문학적 개인 자산을 축적하지만 압도적 다수가 가난해지며, 그 결과 집단 전체가 가난해진다.

격차는 단순히 부가 한쪽에 치우쳐 있다는 뜻이 아니다. 격차는 어떤 가치도 창출하지 않는 일에 높은 급여가 지급되고, 필수 노동자는 최저 임금에 시달리는 형태를 띤다. 반드시 그런 형태다. 만약 상위 계층이 '명백히 사회에 기여하는 일'을 성실히, 열심히 수행하는 것처럼 보인다면 '격차가 확대된다'는 느낌은 전혀 없을 것이다.

사회에 이바지하는 중요한 일을 하는 사람들이 아무리 높은 급여를 받고 풍요로운 삶을 누려도 그것을 '부당하다'고 생각하지 않을 것이다. '어떻게든 격차를 줄이라'고 요구하지 않을 것이다.

따라서 현재 일본에서 벌어지는 일은 단순히 지니계수로 측정되는 '격차 확대'가 아니다. 국민 상당수는 다 같이 공유해야 할 자원의 상당 부분이 '유한계급'과 '불쉿 잡 워커'에게 부당하게 점유되고 낭비된다고 느낀다. '분배가 불공정하다'는 부조리한 느낌, 그럼에도 이를 바로잡을 수단이 없다는 무력감. 이것이 바로 '격차 확대'라는 객관적 통계 뒤에 숨은 심리적 현실이다.

이 불합리를 해소할 수단이 있을까? 격차가 존재할 때, 공권력이 강압적으로 개입하여 부유층의 재산을 빼앗아 국고에 집어넣고 재분배하는 방식은 바람직하지 않다. 역사를 살펴보면 '강압적 재분배'는 대부분 실패했다. 권력을 잡고 나서 '국고'와 '내 지갑'을 구분할 수 있는 사람은 안타깝게도 극히 드물기 때문이다. 따라서 '유한계급'이 놀고먹으면서 높은 급여를 받는다 해도 그들의 지갑을 직접 털어 다른 사람의 지갑을 강제로 채워주는 방식은 피해야 한다. 대체로 이런 방식은 사회적 불평등을 더욱 심화시킬 뿐이다. 부유층에게서 징수한 세금 등은 '모든 사람이 즉시 사용'할 수 있는 '공공재'로 전환해 공공 영역에 기부하는 것이 좋다. 화폐로 국고에 보관할 것이 아니라 학교·병원·도서관·미술관·체육관 같은 공공시설이나 숲·들판·호수·해안 같은 자연 자원으로 만들어 "자, 모두 자유롭게 사용하세요"라고 내어주는 것이다.

'커먼즈의 재생'을 주장하면서 나는 바로 그런 이미지를 떠올린다. '사유재산' 영역은 되도록 억제하고 '공공재산' 영역을 넓히는 것이다. 아름다운 숲을 걷다가 '사유지이므로 출입금지'라는 표지판을 보면 분노로 몸이 떨린다. 땅은 원래 누구의 소유물도 아니다. 국가나 지방자치단체가 사들여도, '공유지이므로 출입금지'가 된다면 아무것도 달라지지 않는다. '공유지이므로 모두 함께 사용해 주세요'가 올바른 사용법이라고 생각한다. 커먼즈는 중세 유럽 촌락 공동체의 공유지다. 마을 사람들은 그곳에서 가축을 방목하고 고기잡이와 사냥을 하고 과일과 버섯을 채취했다. 커먼즈가 넓고 풍요로울수록 사람들의 생활도 풍요로웠다. 커먼즈가 사라진 것은 '그런 식으로는 돈이 되지 않는다'며 사유지로 매입해 양을 키우거나 상품 작물을 재배하는 '눈치 빠른 자들'이 등장했기 때문이다. 이것이 '공유지의 비극'*의 실상이다. 그렇게 '인클로저'가 진행되며 공유지는 사라졌고, 몰락한 농민들은 도시 프롤레타리아가 되어 산업 혁명에 필요한 값싼 노동력을 제공하며 자본주의가 번영하게 되었다.

그렇게 커먼즈가 사라졌다면, '커먼즈의 재생'은 그 과정을 역으로 추적하는 일이다. 즉 사유재산을 "모두 함께 사용해 주세요"라며 공공재로 제공하는 것이다. "그런 건 절대 싫다"며 사유재산에 집착하는 사람들도 물론 있을 것이다. 당연하다. 그들로부터 강제로 재산을 빼앗아서는 안 된다. 그건 과거에 시도했다가 실패한 방법이다. 싫다는 사람은 그냥 놔두면 된다. '사유재산을 제공해도 좋다'는 사람들의 수를 하나씩 늘려 가는 것만으로도 충분하다. 내 도장은 현재 사유물이지만, 언젠가 공공에 기증해 제자들에게 '커먼즈'로 사용하게 할 계획이다. 이처럼 소박한 개인들의 실천이 모이고 쌓이는 것, 우회적인 것처럼 보여도 이것이 가장 확실한 방법이라고 생각한다.

---

* 여러 사람이 공동으로 사용하는 자원을 저마다 자기 이익을 위해 무분별하게 사용하면 자원이 고갈되거나 파괴된다는 개념.

요즘 나는 '친절한 가부장제' 전도사가 됐다. 오늘날 '가부장제'는 '모든 악의 근원'으로 지목되는 혐오의 대상이지만, 가족 제도란 선악이나 좋고 나쁨의 잣대로 판정할 수 있는 것이 아니다. 에마뉘엘 토드에 따르면, 가족 관계는 "정치적 관계의 모델로 기능하고, 개인이 권위와 맺는 관계를 규정한다."

　　세계의 모든 가족 제도는 '자유/권위'와 '평등/불평등'이라는 두 가지 이분법을 조합한 네 가지 모델 중 하나에 해당한다. 일본에는 '직계가족'이라는 가족 제도가 있는데, 이는 개인의 결정이나 '정치적 올바름'의 잣대로 바꿀 수 있는 것이 아니다. 직계가족에서 장남은 가업을 잇고, 가족의 권위자 역할을 수행하는 동시에 다른 구성원을 부양할 책임을 진다.

일본에서도 최근까지는 이 가족 제도가 유지되었지만 저출생과 핵가족화로 인해 지금은 사실상 해체되었다. 그런데 가족 제도를 '정치적 관계의 모델'로 바라보는 사고 습관만은 여전히 남아 있다. 그래서 가부장제 해체를 외치던 사람이 정작 자신이 속한 조직이 '상명하복'식으로 운영되는 데에는 아무런 위화감을 느끼지 못하는 아이러니가 벌어진다. "나는 가부장의 지시를 받지 않을 거야. 그냥 혼자 살아갈 거야"라며 가족 해체를 지지하던 사람이 "지금 정치에는 독재가 필요하다"고 외치는 정치가에게 환호하는 것은 논리적으로는 있을 수 없는 일이지만, 일본 사회에서는 흔한 광경이다.

일본인에게는 '가부장적 마인드'가 뼛속까지 스며들어 있다. 그래서 가족 외의 조직을 만들 때도 '가부장적 조직'밖에 떠올릴 수 없고, 그러면서 자신이 그렇게 하고 있다는 사실조차 자각하지 못한다. 나는 그 냉엄한 사실을 '인정하자'고, 나아가 '모두가 즐겁게 살아갈 수 있는 친절한 가부장제'라는 것이 가능한지 검토해 보자고 말하는 것이다.

　　'가부장이 모든 악의 근원'이라는 주장에는 논리적으로 동의할 수 없다. 왜냐하면 '아버지'가 세상 모든 것을 통제하는 강력한 힘을 지녔다는 발상이야말로 가부장제의 '효과'이기 때문이다. 자신의 현재 상태를 가부장의 과도한 간섭 때문이라고 설명하든 가부장의 방임 때문이라고 설명하든, 가부장제로 '설명이 된다'고 생각하는 것 자체가 이미 가부장적 사고다. 따라서 가부장제의 이념으로부터 벗어나려면, '아버지는 전능하다'는 전제부터 폐기해야 한다. 즉 '아버지는 다양한 방식으로 아이에게 간섭한다. 아버지가 아이에게 깊은 상처를 입힐 때도 있고, 그 정도는 아닌 경우도 있다. 드물게는 아이를 행복하게 할 수도 있다'는 비원리주의적(거의 아무 것도 설명하지 않는) 명제를 받아들이는 것이다.

　　그러나 가부장제를 원리적으로 비판하는 사람들은, 어딘가에 반드시 '모든 악'이 응축된 지점이 있어서 그것만 제거하면 모든 문제가 순조롭게 해결된다는 이야기 구조에 집착한다. 내가 보기엔 매우 위험한 사고방식이다. 모든 '배제주의'는 이런 이야기 구조를 따르기 때문이다.

하지만 우리가 경험적으로 알게 된 사실은, 어떤 집단이든 '선한 사람'과 '형편없는 인간'이 있으며 그 비율은 어디나 비슷하다는 것이다. 전원이 선인으로만 이루어진 집단도, 전원이 악당으로만 이루어진 집단도 존재하지 않는다. 모두 그저 그런 수준이다. 따라서 집단을 좀 더 낫게 만들 수 있는 확실한 방법은, 선한 사람의 비율을 늘리고 '형편없는 인간'이 권력을 가질 기회를 억제하는 것이다. '가부장제가 있으면 모든 문제가 해결된다'는 것도 아니고, 반대로 '가부장제를 폐지하면 모든 문제가 해결된다'는 것도 아니다. 우리가 할 수 있는 일은 '가부장제를 좀 더 낫게 만드는 것'뿐이다.

　　가부장제는 일본과 같은 직계가족 제도에 고유한 형태다. '가족'이라고 말할 때 우리는 가부장제밖에 떠올리지 못한다. 가부장제를 부정할 수도 있고 보완할 수도 있지만, 가부장제와 완전히 다른 가족을 상상하는 것은 어렵다(아마 불가능할 것이다). 물론 말로는 '구성원 전원이 평등하고 자유롭고 사이좋은 가족이 최고'라고 할 수 있다. 그러나 그런 가족상을 구체적이고 생생하게 떠올릴 수 있는 사람은 없다. 우리는 그런 가족을 그린 문학 작품도 영화도 드라마도 본 적이 없기 때문이다.

한국 영화 『국제시장』을 보면서 우리는 그것을 '우리 이야기'처럼 받아들인다. 한국도 일본과 마찬가지로 직계가족제 사회이기 때문이다. 어린 나이에 아버지로부터 가부장의 책임을 넘겨받은 장남이 가족을 부양하느라 자기 인생을 희생하고, 노년에 이르러 아버지의 사진을 보며 "근데 내 진짜 힘들었거든예" 하면서 눈물짓는 감정은 일본인이라면 충분히 이해할 수 있다. 그러나 미국인이나 프랑스인에게는 그 슬픔이 절실히 와닿지 않을 것이다. "왜 동생들을 위해 자기 인생을 희생하는 거야? 그런 어리석은 짓을 왜……?"라며 오히려 분노할지도 모른다. 가족 제도가 다르다는 것은 그런 것이다.

　　우리는 기존의 가족 제도 안에서 태어난다. 그것을 다른 것으로 바꿀 수는 없다. 하지만 개선은 할 수 있다. '형편없는 가부장'이 초래하는 해악을 억누르고 '좋은 가부장'이 가져오는 이익을 극대화할 방안을 모색하는 것이, 가부장제 폐지를 위해 싸우는 것보다 빠른 길이라고 생각한다.

　　그러려면 세상에는 '좋은 가부장'도 존재한다는 사실을 받아들여야 한다. 물론 가부장제 폐지론자는 이런 생각을 받아들이기 어렵겠지만, 여기서는 일단 받아들여 주셨으면 한다. 나는 '친절하고, 사심이 없으며, 아이들의 성숙을 지원하는 일을 주된 임무로 하는 가부장'을 일본의 롤모델로 삼고자 한다.

오해하는 분이 많을 것 같은데, 내가 말하는 '친절한 가부장제'는 젠더와는 관계가 없다. 나는 집단을 이끄는 리더를 성별에 관계없이 '가부장'이라고 부른다. 내가 운영하는 도장 개풍관의 다음 관장은 여성이다(지금은 주임 사범이다). 그녀는 합기도 실력도 뛰어나지만, 내가 그를 후계자로 지명한 이유는 그가 '매우 친절한 사람'이기 때문이다. 지금의 일본 사회를 보면, 사람들은 기회만 있으면 타인에게 굴욕감을 주려 한다. 성희롱, 직장 내 괴롭힘, SNS에서의 악담 등이 그 예다. 내가 보기에 이는 '가부장제의 타락'의 징후다. 가부장의 중요한 역할 가운데 하나는 '모두를 위해 참고 버티는 것'이다. 하지만 가부장제 자체가 부정되면서 이런 역할도 사라지고 말았다.

가부장이 다른 구성원을 억압하거나 그들의 자유를 제한할 권리를 가져야 한다는 주장에는 반대한다. 그러나 다른 구성원을 위해 희생하는 것을 자기 역할로 생각하는 사람이 집단 유지에 필요하다는 점은 양보할 수 없는 사실이다. 누군가는 '참아 내야' 한다. 그러나 지금 일본에는 그런 식으로 생각하는 사람이 극히 적다.

신자유주의 이데올로기는 모든 구성원이 동등하게 자유롭고 동등하게 자기 권리를 주장할 수 있다고 말한다. 자원 배분을 둘러싸고 서로 싸우고, 싸움에서 이긴 자는 자원을 독점해도 괜찮다고 (그리고 패배한 사람들에게 나눠 줄 의무는 없다고) 주장한다. 이 이데올로기가 가부장제의 숨통을 끊어 버렸다. 그런데 죽은 것은 가부장이 담당했던 '집단 구성원을 지탱하는 의무'뿐이고, '동생이나 자녀를 지배하고, 그들의 자유를 제한하며, 굴욕감을 줄 수 있는 권리'에 대한 집착은 오히려 살아남았다. 그렇게 해서 일본의 집단은 모조리 비효율적이고 답답해져 버렸다.

일본인은 가부장제의 '어두운 면'만을 선택적으로 남겼다. '가부장은 친절하고, 사심이 없으며, 집단 내 약자를 부양하고, 그들의 성숙을 지원하는 것을 주된 임무로 한다'는 사상만 부정했다. 지금 일본의 집단적 퇴보는 가부장제를 '가볍게 여긴' 결과라고 생각한다.

오해하지 마시길. 나는 '가부장을 부활시키라'는 복고적인 주장을 하는 것이 아니다. 일본인은 사실 가부장제의 본질적인 이념과 정면으로 마주한 적이 한 번도 없다고, 제대로 마주한 적 없기에 그 제도에게 반드시 발목을 잡히게 되리라고 말하는 것이다.

역사의 풍파를 견디고 살아남을 수 있는 공동체란 어떤 것일까? 꽤 흥미로운 질문이다.

예전에 주거 관련 심포지엄 자리에서 '콜렉티브 하우스'collective house를 실천하는 분이 던진 질문이다. 그분은 20세대가량이 주거를 공유하는 집단생활을 하는데, 아이를 둔 젊은 부부들끼리는 서로 육아를 도우며 큰 도움을 받고 있다고 했다. 문제는 고령자다. 언젠가 타인의 돌봄이 필요한 상황이 닥칠 고령자들에게, 젊은 사람들은 "혹시 저분들은 다른 사람에게 돌봄을 받으려고 콜렉티브 하우스에 참여한 게 아닐까"라는 의심 섞인 시선을 보낸다는 것이었다. "이런 공동체를 지속할 수 있는 방법은 뭘까요?"라는 질문에 나는 이렇게 대답했다. "안타깝지만, 그런 공동체는 지속될 수 없습니다."

모든 공동체에는 '평균을 웃도는 성과를 내는 사람'과 '평균에 못 미치는 성과를 내는 사람'이 있다. 반드시 있다. 구성원 모두가 균일한 성과를 내는 집단이란 존재하지 않으며, '만들고 싶다'고 해서 만들 수 있는 것도 아니다. 사실 그런 집단은 존재할 의미도 없다.

어떤 집단이든 '마이너 멤버'를 포함한다. 영유아, 노인, 병든 사람, 장애인 같은 이들은 집단 내에서 도움을 주기보다는 받는 경우가 많다. 하지만 '마이너 멤버'를 돌보는 일을 두고 '손해 본다'고 생각하는 사람은 공동체에 참여할 자격이 없다. 모든 인간은 한때 유아였고 나중에는 노인이 된다. 언젠가는 병이 들거나 정신적 또는 육체적으로 힘들어질 확률이 높다. 따라서 집단의 모든 구성원은 시차를 두고 나타나는 '나의 또 다른 형태'이다. 집단에서 타인을 돕는다는 것은 '그랬을 나, 앞으로 그렇게 될 나, 그렇게 됐을 수도 있는 나'를 돕는 일이나 다름없기에 '과거의 나, 미래의 나, 평행우주 속의 나'를 기쁜 마음으로 도와야 한다. 이런 상상력을 발휘할 수 없는 사람은 공동체를 이룰 수 없다.

안타깝지만 '콜렉티브 하우스' 같은 개념은 성공하기 어려울 것이다. 그것은 참여자들이 '지금 당장의 편의성'을 기준으로 선택한 공동체이기 때문이다. 그 안에는 '역사를 관통하며 유지되어야 할 공동체'로서의 통합 축이 없다. 공동체에 축적된 자산을 '다음 세대에게 주는 선물'로 생각하지 못하는 집단은 단기간에 무너진다.

"그렇다면 어떤 공동체라야 살아남을 수 있나요?"라는 추가 질문에, 나는 잠시 생각한 다음 이렇게 대답했다. "교육을 위한 공동체, 의료 및 돌봄을 위한 공동체 그리고 종교 공동체 정도일까요."

즉석에서 내놓은 답변치고는 꽤 적절했다고 생각한다. 이 세 가지 공동체에는 공통된 특징이 있다. '구성원 가운데 가장 무력한 이'를 통합 축으로 삼는다는 점이다. 교육 공동체는 아직 미숙하고 무력한 이들에게 지식과 기술을 전수하고 성숙으로 이끄는 곳이다. 의료 공동체는 병들고 다친 사람들을 돕는 곳이다. 신앙 공동체는 이웃을 위로하고 치유하는 곳이다. 이런 공동체야말로 오래도록 견고하게 지속된다.

구성원 중 상대적으로 강한 자에게 자원을 우선 배

분하는 '약육강식'형 공동체는 오래가지 못한다(언젠가
는 서로의 목을 겨누게 된다). 가장 두터운 층인 '평균적
인 능력을 지닌' 구성원의 편의에 초점을 맞춘 '평범한'
공동체 역시 오래가지 못한다(획일화되고 규격화된 시
스템은 환경 변화에 적응하지 못한다). 가장 생존력이
강한 공동체는 구성원 중 가장 약한 존재를 기르고 치유
하며 지원하는 것을 목표로 하는 공동체다. 이런 공동체
가 가장 강인하며, 가장 탁월한 역량을 발휘한다. 이는
내 경험에서 우러나온 확신이다. 따라서 조직의 역량을
키우고 싶다면, 조직 안에 의도적으로 '무력한 존재'를
포함시키고, 그 존재를 구성원이 다 함께 기르고 치유하
며 지원하는 역동적인 구조로 설계되어야 한다.

　그런 존재의 대표적인 예가 『7인의 사무라이』의 젊
은 사무라이 카츠시로다. 이 7인의 집단은 최소한의 인
원으로 조직된 고기능 집단이다. 구성원은 먼저 '리더'
시마다 칸베, '서브리더' 가타야마 고로베, '예스맨' 시치
로지가 있다. 7명 중 (리더를 포함한) 3명이 '리더가 실
현하고자 하는 프로젝트에 100퍼센트 지지를 보내는 이'
다. 이 비율은 필수적이다. '예스맨'은 리더의 모든 지시
를 무조건적으로 따르고, '서브리더'는 리더가 놓친 필

수적인 일을 묵묵히 처리한다.

　　이 밖에 '돌격대장' 큐조, '트릭스터' 기쿠치요'*도 빠질 수 없다. 유격대처럼 자율적으로 움직이면서도 리더의 계획을 즉각 실행하는 '돌격대장'의 중요성은 쉽게 알 수 있지만, '트릭스터'는 조직에서 어떤 역할을 하는지 선뜻 이해되지 않는다. 트릭스터란 '두 개의 영역을 넘나드는 존재'로, 질서를 교란하는 동시에 정체된 질서를 흔듦으로써 그간 연결되지 않았던 두 영역을 이어 주는 다리 역할을 한다. 기쿠치요는 '농민이자 사무라이'라는 이중성으로 사무라이들의 '무사적 질서'를 끊임없이 교란한다. 그러면서 자신의 행위를 통해 겉으로는 온순한 농민들의 잔인한 이기심을 드러냄으로써, 농민과 사무라이 간의 진정한 연대의 기초를 마련한다.

　　이 7인의 사무라이 가운데 가장 중요하지만 오늘날 가장 이해받지 못하는 인물이 헤이하치와 카츠시로다. 헤이하치는 고로베가 발탁한 인물로 밥값으로 장작을 패 주며 지내던 사무라이다. 고로베는 '장작 좀 패는 남자' 헤이하치를 다음과 같이 소개한다. "실력은 중하. 하지만 정직하고 재미있는 남자지. 그와 이야기하면 마음이 밝아져. 힘들 때 쓸모 있는 사내라네."

---

* 진짜 사무라이가 아닌 농민 출신으로, 사무라이 행세를 하며 끼어든 인물. 어린 시절 부모를 도적에게 잃은 트라우마가 있다. 거칠고 익살스러운 성격이지만, 점점 진심을 다해 마을을 지키게 된다.

여기서 고로베는 '힘든 시기'를 상정하고 인재를 발탁하는 통찰력을 발휘한다. 보통은 사람을 채용할 때, 조직이 '우상향' 곡선을 그리며 성장해 간다는 '맑은 날 모델'을 무의식적으로 전제하고 기술과 지식, 전문성을 갖춘 사람을 뽑으려 한다. 하지만 기업을 운영해 본 사람이라면 누구나 아는 사실인데("마작을 해 본 사람이라면"이라고 해도 좋다), 사실 조직은 생존 기간의 대부분을 '악천후' 속에서 보낸다. 조직인의 진가는 종종 퇴각전에서 드러난다. 기세를 타고 이기는 건 어렵지 않다. 운이 좋으면 약간의 재주만 있어도 이길 수 있다. 하지만 패색이 짙은 국면에서 적절한 판단을 내려 파국적 붕괴를 막는 일, 살릴 수 있는 것을 살리고 구해야 할 것을 구해 내는 일은 지극히 어렵다. '힘든 시기'에 빛나는 능력을 갖춘 사람을 채용한다는 발상은, '공격적 경영' 같은 말을 자랑스레 내세우는 비즈니스맨에게서는 찾아보기 힘들다.

그러나 오래 살다 보면 알게 된다. 패배 국면에서 '살릴 것을 살리는 일'은, 승리를 거머쥐며 '챙길 것을 챙기는 일'보다 훨씬 더 어렵고 더 높은 인간적 역량을 요구한다. 그리고 여러 전투를 치른 뒤에 우리 손에 남는 것은 바로 그렇게 해서 '구해 낸 것들'뿐이다.

　여기까지 읽은 독자라면 카츠시로의 역할이 무엇인지 알아차렸을 것이다. 그는 '나머지 여섯 명에게 교육받는 이'라는 수동적 위치에 놓임으로써 이 집단의 '누빔점'point de capiton*이 된다. 어떤 일이 있어도 카츠시로는 죽어서는 안 된다. 이것이 바로 이 집단이 '농민을 약탈자로부터 구한다'는 미션보다 더 중요하게 여기는 '숨은 미션'이다. 카츠시로에게 이 집단의 미래가 맡겨져 있기 때문이다. 그를 제대로 된 사무라이로 키워야 한다. 다른 사안에는 이견이 있어도, 이 일에서만큼은 사무라이 6인의 의견이 일치한다. 자신들의 기술과 지식을 그에게 유산으로 전함으로써, 자신들의 '소모품 같은 삶'에 의미를 부여하고 싶기 때문이다.

　카츠시로의 존재 의의는 『매드 맥스 2』에서 부메랑을 던지는 야생 소년 '페럴 키드'와 동일하다. 영화 마지막 장면에서, 석양을 등지고 도로에 멈춰 선 주인공 맥스 위로 페럴 키드의 내레이션이 흐른다. "나는 이후 북부 부족의 리더가 되었다. 늙은 지금은 과거의 기억이 흐릿하지만, 그때 황야에 우뚝 서 있던 맥스의 모습만은 결코 잊지 못한다."

---

* 자크 라캉이 사용한 정신분석 용어, 흩어진 경험이나 감정을 언어나 기호를 통해 일정한 의미로 '고정'시키는 접착점을 뜻한다.

이것은 사실 페럴 키드의 내레이션이 아니다. 황야에 선 맥스가 '자신이 죽은 뒤 오랫동안 전해질 전설 속의 자신'을 상상으로 미리 듣는 것, 즉 '환청'이다. 그렇게라도 하지 않으면 맥스는 버텨 낼 수가 없다. 차는 부서지고, 한쪽 다리는 부러지고, 한쪽 눈은 실명하고, 연료도 먹을 것도 없는 상태로 황야에 방치된 맥스가 '다음 한 발'을 내딛으려면, '황야에 홀로 서 있는 영웅에 대한 이야기'를 이어 갈 다음 세대를 선구적으로 상상하는 힘이 필요하다. 이 장치는 『매드 맥스: 썬더돔』에서도 반복된다. 맥스의 그 비상한 생존력은 바로 이 '환청 능력'에 의해 지탱되고 있었다는 사실, 다들 알고 계셨는지?(사실 나도 지금껏 몰랐다.)

　『7인의 사무라이』 이야기로 돌아가자. 카츠시로는 (페럴 키드와 마찬가지로) 6인의 사무라이가 죽은 뒤에도 그들에 대한 전설을 기억하고 전할 존재다. 애초에 그에게는 그런 서사적 기능이 부여되어 있다. 그러므로 카츠시로가 살아남아 '사무라이들에 대한 이야기'를 오랫동안 회고하는 것은, 6인의 사무라이가 '이런 곳에서 개죽음을 당하는' 위험을 감수하게 만드는 전제 조건이다. 칸베는 이 점을 간파했기에 카츠시로를 동료로 받아들였다. 그는 이미 이 싸움에서 모두 죽을 거라고 생각하고 있다. 사무라이에게 전장에서 죽는 것은 아무것도 아니다. 다만 가능하다면 최고의 역량을 발휘한 뒤 죽고 싶다. 칸베가 선발한 사무라이들은 바로 그 조건을 고려한 선택이었다.

느닷없지만 이야기를 오늘날의 기업으로 돌려 보겠다. 요즘 기업의 인사 담당자 중에는 '헤이하치'와 '카츠시로'의 존재 가치는 물론, '기쿠치요'의 중요성조차 이해하지 못하는 사람이 많다(거의 대부분일 것이다). 리더와 예스맨과 돌격대장만으로 '효율적인' 조직을 구성하려는 경영자가 주류인 시대에 취업 활동을 해야 하는 학생들이 정말 안타깝다.

집단의 역량을 가장 크게 끌어올리는 것은, '어리고 약한' 구성원을 모두가 함께 돕고 키워 그들을 미래로 이어 주는 구조를 내장한 시스템이다. 이 '당연한' 사실을 비즈니스맨들은 잊고 있다.

메구미회 나라 지부에서 강연을 했다. '메구미회'란 회
원 수 3만 명에 달하는 고베여학원대학의 동창회로, 내
가 입버릇처럼 말하듯 본교의 주춧돌 같은 존재다.

　'교육을 비즈니스 언어로 말해서는 안 된다'는 내 교
육론은 학내에서는 종종 비현실적이고 사변적이라는 비
판을 받지만, 동창회 내부에는 지지자가 많다. 실제로
동문 중에는 유언으로 억대의 금액을 기부하는 분이 적
지 않다. 이는 졸업생 가운데 큰 부자가 많다는 뜻이 아
니라, 이들이 이해하는 교육의 본질이 '가르치는 쪽에서
먼저 자신의 지갑을 터는 행위'이기 때문이다. 고베여학

원에서 청춘을 보낸 사람들은 그곳에서 경험한 그 행위의 무게를 나이가 들면서 더더욱 실감하고, 말년에 이르면 답례를 해야 한다고 생각한다. 최근에 만나 이야기를 나눈 고베여학원대학 졸업생은 1926년생, 우리 어머니와 연세가 같다. 그분은 "희한하게도, 나이가 들수록 모교가 정말 좋은 학교였다는 느낌이 점점 강해지네요"라고 말씀하셨다.

'증여를 받았다'는 체험을 한 사람만이 '반대 급부의 의무'를 느낀다. 다만 이때 '증여'를 '가치 있는 것을 받았다'는 식으로 해석해서는 안 된다. 오히려 '어떤 가치가 있는지 잘 모르는 것을 받았다'는 게 '증여'의 본뜻이다. 증여받은 것이 무엇을 의미하는지, 무슨 도움이 되는지 알려면 오랜 시간과 다양한 경험이 필요한 선물만이 '증여'라는 이름에 걸맞다.

학교 교육의 목적은 '배우는 이가 충분히 노력하면 그에 합당한 보상을 받는다'는 이른바 '합리적인 성취감'을 안겨 주는 것이 아니다. 교육이란 자신이 '추구하는 것 이상' 혹은 '추구하는 것 이외'의 것을 받았는데, 그게 뭔지 잘 모르기 때문에 이후 오랜 시간 동안 다양한 경험을 쌓으며 그 의미를 탐색해야 했던 여정 전체를 포함한다.

나는 '졸업 후 교육'이라는 표현을 쓴다. 물론 정식 교육학 용어는 아니다. 그러나 교육의 성과가 언제 어떤 형태로 교육받은 사람에게 물질화되는지는 누구도 알 수 없다. 졸업 후 수십 년이 지나 임종을 맞는 자리에서 "아, 나는 얼마나 행복한 삶을 살았던가! 돌이켜 보니 내 행복은 그 학교에서 배운 것 덕분이었어"라고 술회한다 면, 그 사람에게는 '졸업 후 교육'이 임종 때까지 이어진 셈이다.

그가 교육으로부터 받은 '은혜'는 학교라는 공간이 나 제도에 내재된 것이 아니다. 교육을 받은 사람이 스스로 행복하게 살아감으로써 사후적으로 자신의 실존을 걸고 증명한 결과다. 자신이 학교 교육으로부터 받은 은혜를 유쾌하고 기분 좋은 삶을 살았다는 사실로 소급하여 증명하는 것, 그것이 바로 '졸업 후 교육'이라는 역동적인 과정이다. 따라서 '졸업 후 교육'의 주체는 학교가 아니라 자기 자신이다. 그런데 이 '자기 교육'이 발동하려면 '도대체 이 학교에서 무엇을 배운 거지?'라는 '수수께끼'가 반드시 필요하다. 배우고 있을 때나 다 배웠을 때 자신이 무엇을 배우고 있는지를 숙지하고 있는 교육

과정에서는 '수수께끼'가 생겨나지 않는다. 수수께끼가 생기려면 거기에 반드시 '자신이 추구하는 것 이상이나 이외의 것'이 있어야 한다. 그것이 무엇인지 이해하려면 긴 세월 동안 사랑과 미움, 믿음과 배신, 창조와 파괴……와 같은 경험을 해야 한다. 바로 그런 수수께끼가 학교 교육의 본질을 이루고 있다.

교육의 목적은 단 하나, 사람을 성숙으로 이끄는 것이다. 그런데 타인이 누군가를 강제로 성숙하게 만들 수는 없다. 인간을 성숙으로 이끄는 것은 자기 자신이며, 그러려면 '성숙해야 한다'는 강한 결의가 필요하다. 인간이 '나는 성숙해져야 한다'고 생각하는 이유는 단 하나뿐이다. 성숙하지 않으면 이해할 수 없는 것들이 있기에, 그것을 이해하고 싶기 때문이다.

교육의 '수수께끼'는 "이 사람은 왜 나에게 이런 것을 증여하는가?"라는 물음의 형태로 구조화돼 있다. 만약 그 증여가 대가와 맞물려 있다면 그것은 수수께끼가 전혀 아니다. "아, 알겠다. 내가 이만큼을 지불했으니 그에 대한 대가로 요만큼을 받은 거구나"라고 납득할 수 있다면, 그것은 수수께끼가 아니라 등가 교환에 지나지 않는다. 등가 교환을 아무리 쌓아도 사람은 성숙해지지 않는다. 등가 교환에만 매달리는 사람은 '내가 지금 사용하는 도량형으로는 계측할 수 없는 가치'를 궁금해하지 않는다. '그게 무슨 의미인지 지금의 나로서는 이해할 수 없는 선물'을 받았을 때에만 우리는 그 의미를 해석하고자 '성숙해져야겠다'고 생각하게 된다. 그래서 교육은 가르치는 쪽이 먼저 선물을 주는 데에서부터 시작한다.

교육을 시장의 언어로 말하는 것이 공허한 까닭은, 범용한 비즈니스맨은 수급 관계를 우선 '수요'가 존재하고 그에 따른 '공급'이 있다는 시계열적 형태로밖에 구상할 수 없기 때문이다. 그러나 진정으로 뛰어난 사업가는 경제 활동의 본질 역시 증여에 있다는 사실을 이해하고 있다. 모든 일의 '최초의 일격'은 '뭔지 잘 모르겠는 것의 증여'로부터 시작된다. 또는 뭔지 잘 모르는 것을 증여받았다는 자각(또는 착각)에서 비롯된다. 그리고 거기에서부터 교환이 생겨난다.

반대 급부를 이끌어 내는 것은 무언가를 증여받았다는 사실이 아니다. '뭔지 잘 모르는 것을 증여받았다'는 사실이다.

리포트는 "이만큼 공부했습니다"라고 자신이 공부한 내용을 '보고'하는 일이며, 제출 대상은 오로지 '선생님'이다. 실제로도 대개 선생님 한 분만 읽는다. 선생님은 대충 읽고 나서 "흠, 75점" "음, 83점" 하고 점수를 매긴다. 성적표를 본 학생이 "이 점수의 근거를 알고 싶습니다"라고 해도, 선생님은 "그 옛날 일을 기억할 리 없지" 하며 『카사블랑카』의 험프리 보가트처럼 아득한 눈빛을 보일 뿐이다.

　리포트의 주요 목적은 무엇보다 '이만큼 열심히 공부했다'고 과시하는 것이므로, 참고문헌을 잔뜩 읽고 그 안에 쓰인 내용을 '이만큼이나 인용했다'는 티를 내면 제법 높은 점수를 받을 수 있다. 독창성이나 새로운 견해 같은 건 리포트에서는 아예 필요가 없다.

바로 이 점이 '학술 논문'과 다른 부분이다. 학술 논문에서는 역으로 독창성이나 새로운 견해만을 요구한다. 다른 책에 있는 내용을 짜깁기해 "짜잔, 완성!" 하고 제출했다면, 대학원 리포트로는 100점을 받을 수도 있다. 하지만 똑같은 글을 학술 논문으로 냈다면 (원칙적으로는) 0점이다. 그 안에 '새로운 이야기가 전혀 없다면' 0점을 받아도 연구자는 이의를 제기할 수 없다.

학회는 '아직 아무도 말하지 않은 새로운 이야기를 하는 것'을 목적으로 학자들이 모여 논문을 발표하고 열띤 토론을 벌이는 자리다. 질의응답 시간에 "당신의 그 '○○론'은 이미 다른 학자가 발표한 바 있습니다"라는 지적이 나오면 바로 '아웃'이다. 즉시 퇴장당한다. 또 '학술 세계'에서는 '선취권'priority이 매우 중요하다. '아무도 말한 적 없는 것을 처음으로 말함으로써' 학자는 영예를 얻는다. 다른 사람이 이미 발견하고 이론화해서 책에 쓴, 세상에 널리 알려진 내용을 짜깁기해서 "이게 내 논문이다!"라고 내세운다면 학계에서는 '바보' 취급을 받을 뿐이다.

선취권이나 독창성에는 또 한 가지 중요한 조건이 따라붙는다. 바로 공개성이다. 이 내용이 과연 '아무도 말한 적 없는 것인지'는 선생님 혼자서는 알 길이 없다. 선생님도 전공 외 분야는 잘 모른다(전문 분야라고 해도 빈틈투성이다). 따라서 글을 읽는 사람이 선생님 한 분 뿐이라면 선생님이 모르는 분야의 내용은 짜깁기해서 선생님을 속일 수 있다. 하지만 학술 논문은 다르다. 원칙적으로 학술 논문은 전 세계 누구나 접근할 수 있게 공개된다. 누군가의 책을 베껴 만든 '가짜 논문'은, 선생님 한 분은 속일 수 있다 해도 그 분야 전문가들 앞에서는 금세 들통나고 만다.

학술 논문이 공개되는 이유는 두 가지다. 하나는 '선취권이나 독창성이 진짜인지 검증하려고', 다른 하나는 학술 연구란 본질적으로 '타인에게 주는 선물'이기 때문이다. 리포트는 특정 독자를 상정해 '이걸 꼭 읽어 달라'는 마음으로 쓰는 글이 아니다. 어차피 읽는 사람은 선생님 한 분뿐이고, '이 내용을 꼭 알아 주길' 바라는 메시지도 없다. 학생이 전하려는 메시지는 '진지하게 공부했다'는 사실과 '그러니 학점을 달라'는 것뿐이다. 학술 논문은 그렇지 않다. 쓰는 시점에서는 이 글을 누가 읽을지 알 수 없다. 언젠가, 어딘가에서 그 논문을 손에 든 사람이 '바로 이런 것을 찾고 있었다'고 느끼게 하려는 '선물'이다. 리포트는 독자 한 명(선생님)을 위해 쓰지만, 논문의 잠재적 독자는 '모든 사람'이다. 탁월한 논문일 경우 그로부터 혜택을 받는 사람은 이론적으로 '무한대'가 된다.

따라서 논문의 탁월성은 '얼마나 많은 사람이 그것을 선물로 받아들였는가'에 따라 평가된다. 이 점을 염두에 두면 논문을 어떻게 써야 할지, 즉 '논문 작성법'을 자연스레 알게 될 것이다.

■ 논리적으로 쓸 것: 많은 독자가 이해할 수 있게 써야 한다. 짜임새 있고 질서 있게 논거를 제시하고, 적절한 예증을 들어 설득력을 높인다.

■ 인용 출처를 명확히 밝힐 것: 선행 연구를 충분히 참고하되, 타인의 연구나 데이터를 자기 것인 양 속이는 '표절'은 절대 금지다. 선행 연구는 우리에게 주어진 '선물'이므로, 그중에서 특히 가치 있는 것을 골라 다음 세대 연구자에게 '패스'하는 것은 우리 세대의 중요한 의무

다. 하지만 '누구에게 받은 선물인지' 표시하는 출처를 빼 버리고 자기 이름만 쓰는 것은 규칙 위반이다.

■ 독창성을 분명히 드러낼 것: '선행 연구 비판'이란 선행 연구를 부정하는 것이 아니라, 이전 세대로부터 받은 '선물' 중에서 '이 논제를 연구할 다음 세대 연구자에게 무엇을 남겨 둘지' 선별하는 작업이다. 이 선별 과정을 통해 '내가 전하려는 선물'의 의미가 드러난다. 크리스마스나 생일 선물을 고를 때처럼 학술성 독창성도 선행 세대로부터 받은 선물과 겹치지 않도록 주의해야 한다. "내 선물은 누구의 것과도 같지 않다"는 선언이 곧 '독창성'이며, "내가 생각해 낸 이 선물을 세상에서 아무도 생각하지 못했다"라는 선언이 바로 '선취권'이다.

학술 논문을 쓸 때의 마음가짐은, 일상에서 '소중한 사람에게 오래 기억되기를 바라며 선물을 고르는 기준'과 완전히 똑같다.

이제 '내가 선택한 연구 주제로 내년 졸업 논문을 쓰려는 우치다 다쓰루 연구실의 3학년'을 가상 독자로 설정하고 글을 써 보자. 후배들이 술술 읽을 수 있도록, '당연히 알고 있을 법한 내용'은 간단히 언급하고 '설명이 필요하다'고 생각되는 부분은 정성껏 쓴다. 후배들이 그 데이터나 참고문헌을 직접 찾아보고 싶을 때 즉시 접근할 수 있도록 인용 출처를 명확히 밝힌다. 무엇이 '원래 내 아이디어'인지 알 수 있게끔 '선행 연구로부터 온 선물'과 '내 의견'에 반드시 각각 태그를 붙인다.

　우선 이 세 가지에 주의해서 논문을 작성해 보기 바란다.

나오는 말

‘책임’을 지는 것이 아니라
‘빚’을 갚아 나가는 일

저는 지난 20여 년간 글쓰기 방식과 매체를 바꿔 가며
‘대체로 같은 이야기’를 써 왔습니다. 만약 이게 소설이
나 시 또는 학술 논문이라면 “맨날 똑같은 얘기만 반복
하잖아, 자기 모방은 그만해라, 보기 민망하다” “중복 투
고는 규칙 위반이다”라는 엄중한 질책이 쏟아졌을 텐데
요. 다행히 저는 글을 통해 ‘경종을 난타’하고 있으므로
그런 일은 일어나지 않았습니다. ‘경종을 난타’한다는 행
위는, 모두가 귀를 막고 “이제 알았으니 제발 그만해 달
라, 당신이 말한 대로 할 테니 그만해 달라”고 애원할 때
까지 같은 이야기를 집요하게 되풀이해야 의미가 있기

때문입니다.

여기까지 읽은 분은 아시겠지만, 이번에도 늘 하던 얘기입니다. 이번 책의 주요 주제는 '공동체'였지요. 다만 오해하지 말아 주셨으면 하는데요. 저는 '이상적인 공동체란 어떤 것인지'를 이야기한 게 아닙니다. 그런 것은 존재하지 않습니다. 모든 공동체는 저마다 처한 역사적 환경에 따라 달라집니다. 느릴지언정 끊임없이 변하지요. 따라서 공동체를 놓고 "문제가 발생하고 있다"고 말하는 것은 적절한 표현이 아닙니다. 공동체가 변화한다는 사실은 '문제'라기보다는 오히려 '대답'이라고 해야 합니다.

현대 일본이 처한 공동체의 위기는 갑자기 하늘에서 내려온 재앙이 아닙니다. 수십 년에 걸쳐 우리 일본인들이 스스로 만들어 온 결과물입니다. 공동체란 '이래야 한다'는 사회적 합의에 기초하여 국민이 오랜 세월에 걸쳐 노력한 끝에 거둔 일종의 '성과'라고 할 수 있죠. 30년에 걸쳐 만들어진 구조가 무너지기 시작했다면, 그것을 바로잡는 데에는 적어도 그만한 시간이 걸릴 것을 각오해야 합니다. 그래서 저는 가족이나 학교와 같은 공동체가 안고 있는 문제에 대해 '이렇게 하면 즉시 해결된다'

고 말하는 정치인이나 평론가를 절대 신뢰하지 않습니다. 그런 말에는, 바로 자신이 지금의 사태를 오랜 시간 준비하고 공모해 온 게 아닐까 하는 '자기반성'이 전혀 느껴지지 않기 때문입니다.

저에게는 '자기반성'이 있습니다. '공범 의식'이라고 해도 좋습니다. 일본 사회가 이 지경에 이른 것에 대해, 저는 오랫동안 '공범'으로 관여해 왔다고 인정합니다. 지금의 일본은 제가 1960~1970년대에 '이런 사회가 되었으면 좋겠다'고 바랐던 것이 어느 정도 실현된 결과이기 때문입니다. 그런데 실제로 그 모습을 목도하니, 실망스럽기 그지없습니다. 참으로 어리석은 짓을 한 거죠. 저 스스로 지금의 '살기 힘든' 일본을 만드는 데 일조해 온 겁니다. 그렇기에 저는 그것을 바로잡을 의무가 있습니다.

그걸 두고 '문제를 해결하는 것'이라고 말할 수는 없습니다. '책임을 다하고 있다'는 말은 왠지 너무 깔끔하게 들리고요. '빚을 갚고 있다'는 표현이 가장 적절하겠군요. 제가 이렇게 여러 매체에 글을 쓰고, 개풍관이라는 도장을 세우고, 서당 세미나를 열고, 젊은이들의 창업을 돕고, 지역 상호부조 네트워크를 구축하는 것은 "여러

분, 선한 일을 합시다"라고 홍보하려는 것이 아닙니다. 그런 게 아닙니다. 저는 그저 '빚'을 갚고 있는 겁니다.

실제로 주변을 보면 제 또래 친구들 대부분이 환갑 즈음부터 저마다의 방식으로 '빚을 갚는' 일을 여생의 주된 임무로 삼은 듯합니다. 무언가 새로운 것을 시작하기보다는 자신이 저지른 돌이킬 수 없는 잘못의 뒤처리를 하는 느낌입니다. 인생의 남은 시간이 '카운트다운'에 들어가면 누구나 '주변 정리'를 하고 싶어지기 마련인데, 그와 비슷한 심정입니다. 지금까지 쌓여 온 '선인들에게 진 빚'(더 넓게는 '일본에 진 빚', 더 나아가서는 '세계에 진 빚')을 갚아 놓지 않으면 마음 편히 죽지 못할 것 같습니다. 이 책에서 말하고 싶은 것도 그런 일입니다.

고희를 훌쩍 넘어 인생의 문을 닫을 시간이 다가오니, 지금까지 '선배들에게 진 빚'을 세어 보며 어떻게든 갚고 싶어집니다. 부모님과 선생님을 비롯한 선배들로부터 받은 은혜에 보답하고픈 마음이 간절합니다. 그분들께 여러모로 배려를 받으면서도 당시엔 고마움을 제대로 전하지 못했습니다. 애초에 그걸 '고마운 일'이라고조차 느끼지 못했던 시절도 있었지요. 이제 '감사 인사를 빼먹은 일들'을 하나하나 세어 보고, 후속 세대에게

'증여의 바통'을 넘겨주는 것으로 그 '빚'을 어떻게든 상쇄하고 싶습니다.

요즘 저는 '빚을 하나씩 세어 보기'와 '증여를 통한 상쇄'라는 조용한 작업을 하고 있습니다. '자아실현'이나 '꿈의 달성' 같은 말은 어울리지 않습니다. 훨씬 더 '볼품없는 일'입니다. 하지만 저는 이 '빚 갚기' 작업이 제 욕망이나 몽상을 좇는 일보다 훨씬 더 긴급하다고 느끼고 있습니다.

지금 일본에서는 자신이 저지른 잘못을 절대 인정하지 않고 모든 책임을 '악의적 타자'나 '예상 밖의 요소' 탓으로 돌리며, 과거는 어차피 지나간 일이니 무시하고 미래나 이야기하자는 사람들의 목소리가 점점 커지고 있습니다. 이런 사람들은 현대 일본의 제도적 피로 상태에 대해 아무런 책임도 느끼지 않는 모양입니다. 그러니 바로잡아야겠다는 의무감도 느낄 리가 없고요. 현실을 보며 그저 고함만 지르죠. "책임자는 누구냐! 나와라! 벌을 주겠다!"

저는 그런 사람들은 (노인이든, 배를 내밀고 거들먹거리는 이든) 모두 '아이'라고 생각합니다. '아이'는 처벌 대상이 아니라 교육 대상입니다. 그러니 포기하지 않고 차근차근 "세상이라는 건 말이야, 그런 게 아니란다"라고 가르쳐 줘야 합니다. 가르쳐 주면 바로 알아듣는 사람들이라면야 이렇게 고생스럽지도 않겠지만, 그 이상 할 수 있는 일이 없는데 어쩌겠습니까. 사실 그런 사람들이 '거들먹거릴 수 있는' 시스템이 형성된 역사적 과정에 저도 참정권을 가진 국민으로서 관여해 왔고, 결과적으로는 '이 모양 이 꼴'이 되고 말았죠. '멍청이가 으스대고 활개 치는 사회'가 성립한 데에는 저도 확실한 공범입니다.

하지만 제 주장에는 다른 언론인과 분명히 구별되는 지점이 있습니다. 제도를 바로잡는 일은 "이런 일본이 된 데에 나는 전혀 책임이 없다"고 말하는 사람들보다 오히려 "나에게도 깊은 책임이 있다"고 느끼는 사람에게 더 잘 어울린다고 보기 때문입니다. "이 두부, 덜 익었잖아요"라고 손님이 말했을 때 "내가 만든 게 아니니까 몰라요"라고 발뺌하는 점원과 "죄송합니다, 바로 새 걸 가져다드리겠습니다"라고 말하는 점원 가운데 어느 쪽이 실패를 고칠 수 있을지는 명백하지요.

그런 이유로 저는 앞으로도 묵묵히 제가 진 빚을 갚아 나갈 생각입니다. 세상에 대고 크게 소란 떨지 않으면서 사회 한 편에서 조용히 해 나갈 작정입니다. 여러분도 각자의 자리에서 이 나라의 시스템을 바로잡는 일을 해 주시면 기쁘겠습니다. 함께 힘냅시다.

우치다 다쓰루 + 사이토 고헤이

: 기분 좋은 새로운 커먼즈에 관하여

우치다 최근에 사이토 씨는 『신新 일본공산당 선언』シン·日本共産党宣言에서 당수 공개선거제를 주장하여 일본공산당에서 제명당한 마쓰타케 노부유키 씨와 대담을 나누셨다고 들었습니다. 저도 마쓰타케 씨와 예전부터 알고 지낸 사이라 "이 책이 생산적인 대화의 시작이 되기를 바란다"는 추천사를 쓰기도 했는데요. 출판사가 일본공산당에 우호적이지 않은 듯한 '분게이슌주'라서 조금 걱정도 되더군요. 그런데 책이 나오자마자 갑작스럽게 제명이라는 엄중한 처분이 내려져서 놀랐습니다.

사이토 이야기를 나눠 보니, 마쓰타케 씨는 공산당에서 무려 반세기 가까이 활동하신, 당에 대한 애정이 아주 강한 분이었습니다. 이번 일이 몹시 안타까웠던 이유는, 최근 공산당이 젠더나 환경 문제에 적극적으로 목소리를 내면서 젊은 세대나 여성들에게 공감을 얻었기 때문입니다. '이번 선거에서는 공산당에 투표하겠다'고 SNS 등에 공개적으로 밝힌 사람이 늘고 있었죠. 다시 말해, 과거의 '무서운' 소련이나 공산주의 이미지가 많이 옅어지고 새로운 모습의 공산당이 지지층을 넓혀 가던 시점이었어요. 그런데 일부 당원이 '분파를 만들었다'느니 '당에 대한 공격'이라느니 하면서 쇼와 시대* 언어로 마쓰타케 씨를 몰아세우는 바람에 한순간에 퇴보한 것 같습니다.

우치다 정치를 논하는 말투가 너무 판에 박힌 느낌이네요. 저도 비슷한 시기에 출간된 『희망의 공산당』希望の共産党이라는 책에 기고를 했는데요. 이 책은 창당 100주년을 맞이한 일본공산당에 대해, 당원은 아니지만 공산당에 공감하는 사람들이 앞으로 공산당이 어떤 방향으로 변화해야 할지 제언하는 책입니다. 저도 우리 지역 공

---

* 1926~1989년. 일본이 군국주의와 전쟁, 몰락과 부흥을 겪은 시기.

산당 지방의회 의원들의 추천인으로 이름을 올리고 있으며, 도지사 선거나 국정 선거* 때는 유세에도 참여합니다. 그러니 공산당 측에서도 저를 자신들의 당의 사상과 정책에 '공감하는 사람'으로 보고 있을 겁니다. 그런 입장에서 공산당은 어떤 곳이어야 하는지 의견을 제시하면서, '당명을 바꾸지 않는 것이 좋겠다'고 썼습니다. 예전에도 일본공산당으로부터 '지지자 중에도 당명 변경을 제안하는 이들이 있는데 어떻게 생각하느냐'는 질문을 받고 '바꾸면 안 된다'고 대답한 적이 있습니다. 일본공산당이라는 당명을 유지하고 있기에 비로소 '비교공산당사'라는 연구가 가능하기 때문입니다.

러시아 혁명 이후로 독일공산당, 프랑스공산당, 영국공산당, 미국공산당이 창당되었고, 아시아에서는 인도네시아공산당, 조선공산당, 중국공산당 그리고 일본공산당이 설립되었습니다. 그로부터 100여 년이 흐른 지금, 세계 각국의 공산당은 대부분 붕괴하거나 사회적 영향력을 완전히 상실했습니다. 그런 가운데 일본공산당만은 예외적으로 살아남아 지금도 정당으로 활동하고 있지요. 이는 상당히 드문 사례입니다.

예전에 제가 운영하는 합기도장 개풍관에 '제주

---

* 중의원(하원) 선거와 참의원(상원) 선거를 말한다.

4·3 사건'을 연구하는 한국 연구자가 다녀간 적이 있습니다. 그분은 일본 거리 곳곳에 붙어 있는 '일본공산당' 포스터를 보고 큰 충격을 받았다고 하더군요. 한국에서는 '공산당'이라는 단어 자체를 일상에서 접할 일이 거의 없으니까요. 조선공산당은 1925년에 창당되었으니 동아시아에서는 꽤 오래된 공산당입니다. 일본의 식민 통치하에 붕괴되긴 했지만 해방 후 재건되었지요. 남한에 있던 당원들은 제주 4·3 사건 이후 한국 정부로부터 극심한 탄압을 받았고, 북으로 도피했지만 거기서도 숙청당했습니다. 즉 과거 조선공산당의 깃발 아래 싸우다 세상을 떠난 이들은 남에서도 북에서도 거부당해 어디에도 갈 곳이 없습니다. 그렇기에 한국에서 '공산당'이라는 존재는 제사를 지내 줄 사람도 없는, 유령 같은 존재입니다.

이렇게 각국 공산당의 역사를 하나하나 되짚어 보면, 그 나라의 정치적 풍토가 선명하게 드러납니다.

사이토 확실히, 일본은 경제학이라고 하면 마르크스 경제학이 주류였던 특수한 상황이 있었죠. 세계적으로 보아도 아주 독특한 역사입니다. 지금 저는 한국 연구자들과 함께 국제적인 마르크스 연구를 진행하고 있는데, 한국의 60대 연구자들 이야기를 들어 보면 정말 처절합니다. 그분들은 『자본론』이나 『공산당 선언』조차 구하기 힘들어 북한을 통해 자료를 입수했다더군요. 하지만 상황이 점점 변하고 있습니다. 마르크스를 이용해 동아시아 현대 자본주의를 분석하는 프로젝트가 심사를 통과하고, 국가에서 연구비를 지원하기 시작했습니다. '공산당'이나 '공산주의'라는 말은 널리 쓰이지 않는다 해도, 미국이나 유럽에서 열리는 학회와 강연회에 가 보면 젊은 세대가 많이 참석해서 대단히 활기차게 진행됩니다. 그런 면에서 보면, 오히려 일본공산당은 당원의 고령화도 심각하고, 좌파 전체의 기반 약화가 걱정되는 상황이죠.

우치다 개인적인 의견입니다만, 일본공산당이 세계적으로도 드물게 100년간 존속하며 지금도 국회와 지방 의회에서 의석을 차지한 이유는, 그들이 일본 내에서 '마르크스주의의 독점 대리인'이 아니었다는 사실이 크게 작용했다고 생각합니다.

반면에 세계 각국의 공산당은 마르크스주의의 '독점 대리인'이 되려 했습니다. 모스크바로부터 '국가 유일의 공산당'으로 공인받고, 자신들만이 마르크스의 정전이나 마르크스주의 강령 해석을 결정하며, '이단'이나 '분파'를 규정하고 심문할 권리를 독점하려고 했지요. 코민테른이 국제 공산주의 운동을 이끌던 시기에는 그로부터 지시를 전달받는 유일한 '창구'가 되려 했고요. 그러나 그 특권적 지위에 안주한 결과, 각국 공산당은 오히려 생명력을 잃고 관료화되어 쇠퇴의 길을 걸었습니다. 그중 일본공산당만 예외적으로 살아남은 이유는 '마르크스주의의 독점 대리인이 아니었기' 때문입니다. 아니, 특히 전후에는 그러려고 해도 그럴 수가 없었죠. 공산당 외에도 마르크스주의를 내건 다양한 조직과 운동 세력이 존재했고, 공산당의 공식 해석 외에도 마르크스에 대한 다양한 해석과 이해가 병존했으니까요.

그래서 공산당은 '자신만의 틈새'niche를 찾아야만 했습니다. '독점 대리인'이라는 간판으로는 살아남을 수 없으니 시민의 지지를 바탕으로 매번 새로이 기반을 다져야 했죠. 저는 바로 그 점 때문에 공산당이 어떤 정치적 성숙을 이룰 수 있었다고 생각합니다. 그렇기에 앞으로도 단일한 '상명하달식' 지시에 따르는 정당이 아니라, 다양한 의견이 얽히고 충돌하는 정당이 되어 주기를 바랍니다. 인간이 갈등을 통해 성숙하듯 조직도 마찬가지입니다. 모두가 같은 얼굴을 하고 같은 말을 하는 조직은 효율적일지는 몰라도 성숙할 수 없습니다. 성숙하지 않은 조직은 생명체로서 살아남을 수 없고요.

사이토　일본공산당이 코민테른식 노선과 거리를 두어 온 것은 사실입니다. 그러나 당내에 여전히 남아 있는 마르크스-레닌주의적 잔재나 민주집중제*의 폐해가 이번에 매우 나쁜 형태로 드러났다고 생각합니다. 마쓰타케 씨의 책을 읽고 깜짝 놀랐습니다. 아직도 지부 간의 자유로운 커뮤니케이션이 금지되어 있더군요. 이건 치안유지법이나 특별고등경찰이 암약하던 시대에 목숨을 걸고 불법 조직으로 활동하던 당원들이 연쇄적으로 검거되는 걸 막으려고 제정된 규칙입니다. 그런데 그게 지금까지 그대로 남아 있습니다.

한편, 소련 붕괴 이후 세계의 좌파는 강한 문제의식을 갖게 됐습니다. '비민주적이고 위계적인 운영 방식으로 이루어지는 정치운동이 과연 평등한 사회라는 목표를 실현할 수 있겠느냐'는 회의였죠. 그 결과 2000년 이후에는 '월가 점거운동'Occupy Wall Street** '바르셀

---

* 당내에서 자유로이 토론해 결정을 내리되, 결정된 사항은 무조건 복종해야 하는 조직 원칙. 공산당 운영의 기본원리다.
** 2011년 9월 경제적 불평등과 금융권 부패를 반대하며 미국 월가에서 시작된 대규모 시위.

로나 엔 코무'Barcelona en Comú* '흑인의 생명도 소중하다'Black Lives Matter** 등 수평적 운영을 지향하는 '21세기형 운동'이 등장했습니다.

　　일본공산당은 당원 감소나 고령화에 고민하고 있지만, 미국에서는 '미국 민주사회주의자들'Democratic Socialists of America, DSA***의 회원 수가 2016년 5천 명에서 10만 명으로 급증했고, 평균 연령도 68세에서 53세로 젊어졌습니다. 버니 샌더스나 역사상 최연소 여성 하원의원이 된 알렉산드리아 오카시오-코르테스 같은 인물을 배출했으며, 지역 밀착형 문제·환경 문제·LGBTQ 등 다양한 활동을 하면서 주제별 위원회를 만들고 지역 지부에 자치권을 부여하고 있죠. 미국의 사회주의자들은 이런 실천을 하고 있습니다.

　　우치다　저는 정치 조직이란 그것이 실현하고자 하는 미래 사회의 싹이 되는 형태라고 생각합니다. 강령이 아무리 민주적인 사회를 지향해도 실제 그 정당이 독재적

---

* 카탈루냐어로 '공통의 바르셀로나'라는 뜻으로, 바르셀로나에서 상수도 재공영화를 요구하는 시민운동에서 탄생한 지역 정당. 사회 불평등 해소, 지역사회 권리 옹호, 참여 민주주의 촉진 등을 목표로 활동한다.
** 2013년 미국에서 경찰의 흑인 폭행과 인종차별에 맞서 시작된 사회운동.
*** 1982년 조직된 미국 최대의 사회주의 정당. 민주적 절차를 통한 사회 변혁을 추구한다.

인 리더 아래 비민주적으로 운영된다면, 그 조직이 실현하는 사회는 독재자가 지배하는 비민주적인 사회가 될 겁니다. '게는 자기 등껍질에 맞춰 굴을 판다'는 말처럼요. 지금 여기에 존재하는 정치 조직이 어떤 모습인지를 보면 그것이 실현하려는 미래 사회의 모습도 보입니다. 그래서 저는 강령의 내용보다 지금 그 정당이 실제로 어떻게 조직되어 있는지를 봅니다.

사이토 이번 일을 계기로 지금의 공산당이 100년 전의 낡은 조직처럼 보이게 되었지만, 실상은 그렇지 않기에 더 안타까운 겁니다. 오해를 피하고자 분명히 말씀드리면, 일본공산당 내에서는 지금까지도 다양한 논의가 꾸준히 이어져 왔습니다. 교조적이거나 이견을 허용하지 않는 조직이라고는 단정할 수 없어요. 마쓰타케 씨도 지금까지는 블로그에 과격한 글을 마음대로 올려도 아무런 처벌을 받지 않았습니다.

우치다 지금이라도 전혀 늦지 않았다고 생각합니다. 시이 위원장도, 고이케 서기도 이 대담 영상을 본다면⋯⋯ 보고 있을 것 같진 않지만요(웃음), 마쓰타케 씨의 제명

처분을 철회하는 편이 정치적으로도 합리적이라고 봅니다. 한번 결정한 건 바꾸지 말아야 한다는 고지식한 말 대신 오히려 "훌륭한 결단입니다!"라며 손뼉을 칠 테니, 부디 신중하게 논의해 주시기 바랍니다.

사회주의의 어두운 이미지는 20세기에 만들어진 것

사이토 제가 『제로에서 시작하는 자본론』이나 『인류세의 자본론』人新世の「資本論」을 통해 말하고자 한 바는, 20세기의 마르크스-레닌주의가 규정한 마르크스와 사회주의의 이미지를 수정하는 것이었습니다. 한마디로, 기존 이미지에서 마르크스를 해방시켜 주고 싶었죠. 20세기의 사회주의는 소련이 대표하듯 상명하달 방식으로, 혁명을 일으켜 권력을 탈취하고, 관료와 당이 주도해 사회를 계획경제 체제로 만들어 가는 마르크스-레닌주의와 스탈린주의가 주류였습니다.

하지만 19세기로 거슬러 올라가면, 사실 마르크스 본인과 당시 다수의 사회주의자는 아래로부터의 사회변혁이 필요하다고 생각했습니다. 상호부조 조합, 노동조합, 협동조합, 자치 조직 같은 공동체를 통해 우애롭고 평등한 사회를 실현하고자 했으며, '커먼즈'의 영역을 최대한 넓히고자 실천에 나섰습니다. 그러나 이런 비전은 20세기의 위계적 국가 사회주의 체제 아래서 사라지고 말았죠.

21세기의 새로운 사회운동은, 150년 전 마르크스가 갖고 있던 잠재력을 복원시키려 합니다. 그래서 커먼즈를 지향하는 마르크스의 해석과 친화적입니다.

우치다 커먼즈라는 건 마르크스가 머릿속에서 만들어 낸 환상이 아닙니다. 과거 유럽에 실제로 존재했고, 지금도 프랑스나 이탈리아에는 '코뮌' '코무네'라고 불리는 기초 자치단체가 있죠. 인구 규모는 수십만에서 수십 명까지 다양하지만 행정단위로서 동등한 지위를 누립니다. 이렇게 다양한 규모의 공동체가 공존하는 이유는 코뮌이 원래 가톨릭 교구였기 때문입니다. 중심에는 교회가 있고, 그 앞에는 광장이 있으며, 맞은편에는 시청이 있습니다. 이 구조는 어디를 가든 똑같습니다. 유럽 사람들이 '코뮌'이란 말을 듣고 가장 먼저 떠올리는 것은 그런 전통적인 공동체입니다.

코뮌에는 공유지가 있었습니다. 사람들은 거기에 자유롭게 접근해 공동체의 부를 나누었어요. 가난한 사람도 공유지에서 방목, 고기잡이, 사냥, 채집 활동을 할 수 있었죠. 그렇기에 '코뮤니즘'(공산주의)이라는 용어를 채택할 때 마르크스의 머릿속에는 참조할 원형으로 코뮌의 이미지가 뚜렷이 떠올랐을 거라고 생각합니다. 전통적인 코뮌을 어떻게 현대적 형태로 창조해 낼 것인가, 그것이 '코뮤니즘'의 과제였다고 봐요.

사이토 사회주의 하면 어둡고 획일적이고 정체된 이미지가 떠오르지만, 그건 20세기에 형성된 겁니다. 그 이미지를 벗겨 내면 전혀 다른 모습이 드러나죠. 젊은 사람들이 합류하고 다양성과 새로운 가치관이 더해지면 사회주의는 오늘날에도 매력적이고 생기 넘치는 구상이 될 수 있어요.

실제로 인류의 존망이 걸린 위기 상황이 닥쳤어도 자본주의는 멈추지를 못합니다. 그런데 미국에서는 Z세대와 밀레니엄 세대의 가치관에 극적인 변화가 일어나고 있어요. 한 여론 조사에 따르면, 젊은 세대에서 자본주의보다 사회주의를 긍정적으로 평가한 비율이 높아졌습니다. 2028년에는 이들이 유권자의 과반을 차지하게 되고요. 그러면 다다음 대통령 선거에서는 민주당 내부에 큰 변화가 일어날 가능성이 있습니다.

물론 지금까지는, 일본도 마찬가지인데, 젊을 때는 헬멧 쓰고 돌 던지던 사람도 나이가 들면 지위나 가족이 생겨서 보수화되는 경우가 많지만……

우치다 넷우익*이 되기도 하고요(웃음).

사이토 그런데 미국의 젊은이들은 이제 나이 들어도 보수화되지 않는다는 조사 결과도 있습니다. 일본의 취업 빙하기 세대처럼요. 임금은 오르지 않고, 집세는 비싸고, 학자금 대출도 갚기 힘든 상황이니…… 나이를 먹어도 보수화되지 않는 거죠. 지켜야 할 게 없으니까요. 미국이 '적색국가'가 되는 카운트다운은 이미 시작됐다고 봅니다.

우치다 대부분은 미국에서 공산주의가 받아들여질 리 없다고 생각하죠. 그런데 그건 현대의 미국을 과거에 투영하기 때문에 생기는 오해입니다. 미국은 사실 19세기 말까지 세계 공산주의 운동의 중심지였습니다.

1848년에 유럽 각국에서 시민혁명이 일어났습니

---

* 극우 성향 네티즌.

다. 하지만 정부의 강력한 탄압으로 각국의 사회주의자와 자유주의자가 정치적 자유를 찾아 미국으로 건너왔습니다. '48년 세대'Forty-Eighters라 불리는 그들은 일리노이 · 위스콘신 · 미시간 등지에 정착했는데, 상당수가 고학력 · 고숙련 인재였습니다. 또한 모두 정치적 동지였기에 견고한 상호 지원 네트워크를 구축할 수 있었죠.

1850년대 이후 '48년 세대'는 미국 사회 여러 분야에서 존재감을 드러냅니다. 남북전쟁이 발발하자 링컨을 지지하며 북군에 참전하기도 하고요. 1864년 링컨이 재선되자 제1인터내셔널*이 축전을 보냈는데, 마르크스가 초안을 작성했죠. 링컨은 이에 대한 답신에 유럽 노동자들에게 연대의 메시지를 담은 바 있고요.

1872년에 제1인터내셔널은 본부를 런던에서 뉴욕으로 옮겼고, 사무총장은 미국인이었어요. 모두 잊고 있지만, 이처럼 미국이 국제 공산주의 운동의 중심지였던 시기가 실제로 있었습니다.

사이토 두 차례에 걸친 '레드 퍼지'Red Purge**로 미국

---

* 1864년 영국 런던에서 결성된 세계 최초의 국제 노동운동 조직으로 정식 명칭은 국제노동자협회(International Work-ingmen's Association, IWA)다. 1876년 해산되었고 1889년 제2인터내셔널로 이어졌다.
** 공산주의자 숙청을 의미하는 말. 미국에서는 1950년대에 상원의원 매카시의 선동으로 많은 사람이 공산주의자로 몰려 무분별한 탄압을 당했다.

에서 마르크스주의자와 공산주의자는 사실상 궤멸되었죠. 하지만 정계나 학계에서 추방당한 뒤에도 재야에서는 다양한 사회운동이 꾸준히 이어지며 이론이 축적되었습니다. 미국에는 장수 사회주의 잡지인 『먼슬리 리뷰』가 있는데요, 이 잡지를 창간한 폴 스위지는 경제학자이자 마르크스주의 이론가입니다. 하버드 재학 시절 경제학자 슘페터의 제자였고, 노벨경제학상 수상자인 폴 새뮤얼슨의 동급생이었죠.

그는 '레드 퍼지'에 시달리면서도 뉴욕에 싱크탱크를 만들고 『먼슬리 리뷰』를 창간합니다. 아인슈타인도 창간호에 기고를 했죠. 스위지는 대학 바깥에서 실천적 활동을 이어 갔고, 미국에는 이 같은 사람들이 꾸준히 존재하며 재야에서 현실 문제와 맞서 싸워 왔습니다. 그런 전통 속에서, 오늘날 빈부 격차 확대나 지나친 부의 집중에 맞서 부의 재분배와 사회정의 실현을 요구하는 목소리가 다시금 높아지고 있는 거죠.

우치다 미국의 통치 원리는 '자유'와 '평등'인데, 이 두 가지는 궁합이 안 맞습니다. 자유를 우선하면, 정부는 시민의 삶에 개입하지 않으려 합니다. 그 결과 자유로운 시민들 사이에서 권력과 부를 둘러싼 경쟁이 벌어지고, 결국 부의 편중이 고착되면서 격차가 고정되고 사회적 유동성이 사라지죠.

반대로 평등을 앞세우면 공권력이 시민 생활에 개입할 수밖에 없습니다. 정부가 부자들의 주머니에서 부를 빼앗아 가난한 사람들에게 분배하는 식이죠. 하지만 그렇게 강제로 평등을 실현하면, 이번에는 사회의 동질성이 높아져 개성이나 독창성이 억압되고, 역시 사회적 유동성이 사라집니다.

즉 자유만 추구하든 역으로 평등만 추구하든 나라는 정체되게 마련입니다. 어떻게든 이 둘을 잘 섞어 봐야죠. 자유주의는 자립한 강자의 사상이기 때문에 보기엔 멋있어 보입니다. 반면 평등주의는 약자, 패자에게 손을 내미는 사상이라 외양이 그리 화려하지 않죠. 그래서 자유주의와 평등주의가 균형을 이룬다 해도 겉모습은 자유주의가 더 빛나게 됩니다. 평등주의는 아무래도 어두운 느낌이 들고요.

사이토 그럼 이기기 힘들겠는데요(웃음).

우치다 그렇습니다. 하지만 지금은 자본주의의 결함과 한계가 드러난 데다가 글로벌 사우스Global South*의 목소리를 진지하게 듣지 않으면 지구가 멸망할 상황이 돼 버렸기 때문에, 100년 만에 평등을 요구하는 사상이 다시 빛을 보고 있습니다.

사이토 일본은 학계에도 마르크스 연구자가 많이 있습니다. 또 아무리 탄압을 받아도 자유를 믿고 신념을 굽히지 않은 선배들이 있었기에 일본 공산당이 창당 100주년을 맞이할 수 있었죠. 하지만 지금은, 자본주의가 이토록 많은 문제를 일으키고 있는데도 현실 사회나 '보통 사람들'에게 가닿을 만한 담론이나 운동이 좀처럼 나오지 않고 있습니다.

사람들 마음에 스며드는 담론을 만들려면 학계에만 틀어박혀 있어선 안 된다는 생각이 듭니다. 저 역시 현장을 직접 찾아가면서 사유를 이어 가야 한다고 느끼고 있습니다.

인구 감소 사회의 새로운 '인클로저'가 불러올 디스토피아

우치다 지금 일본에서 가장 걱정스러운 부분은, 인구

---

* 아프리카, 라틴아메리카, 아시아 일부 등 개발도상국과 저개발국가를 가리키는 말.

감소 사회 속에서 새로운 형태의 '21세기 인클로저'가 일어나고 있다는 겁니다.

19세기 영국에서는 마을의 공유지를 자본가들이 매입하여 사유지로 만들었습니다. 그 결과 마을 공동체가 해체되고, 몰락한 자영농은 도시로 흘러들어 프롤레타리아가 되었죠. 농지 대부분은 양 목장으로 전용되었는데, 목축업은 농업과 비교하면 생산성이 압도적으로 높았습니다. 같은 면적에서 필요한 노동력이 100분의 1에 불과했으니까요. 즉 인클로저를 통해 농촌은 인구 과소 지역, 도시는 인구 과밀 지역이 된 겁니다.

자본주의는 인위적으로 인구 과밀/과소 지역을 만들어 내면서 발전해 왔습니다. 이것이 자본주의의 '성공 체험'으로 각인되었고요. 그러니 자본주의가 쇠퇴기에 접어든 지금, 일본의 자본주의자들이 기사회생 시나리오로 '새로운 인클로저'에 매달리는 것은 논리적으로 당연합니다. 앞으로 지방은 더욱 과소화될 테고, 정부는 이를 가속하는 '무인화 정책'을 채택하겠죠.

과소 지역이라도 주민이 존재하는 이상 정부와 지자체는 일정한 행정 서비스, 도로나 인프라 유지 비용을 부담해야 합니다. 하지만 무인화되면 비용이 들지 않죠.

또 무인 지역은 어떻게 사용하든 상관없습니다. 생태계가 파괴되어도 '반대할 지역 주민'이 없으니까요. 19세기 영국의 양 목장에 해당하는 현대 사업은 태양광 발전, 풍력 발전, 산업 폐기물 처리장, 원자력 발전소 등이겠죠. 농업이나 임업보다 훨씬 이익이 큰 사업입니다.

오카야마에는 세토 내해에 접한 우시마도라는 항구 마을이 있습니다. 다큐멘터리 감독 소다 가즈히로 씨가 사는 곳이죠. 소다 부부의 안내로 우시마도를 한눈에 볼 수 있는 언덕에 오른 적이 있습니다. 눈앞에 세토 내해의 절경이 펼쳐지는데, 북쪽으로 고개를 돌리자 풍경이 새까맣게 변하더군요. 태양광 패널들 때문이었습니다. 거기는 원래 '긴카이만'이라는 얕은 바다였습니다. 세토 내해의 어류 산란지였지만 1950년대에 제염 사업을 한답시고 매립해 버렸죠. 그런데 제염업이 금세 실패해 넓은 공터가 남았고, 그곳에 태양광 패널이 쫙 깔렸습니다. 그래서 만灣의 윤곽을 간직한 시커먼 땅이 펼쳐져 있는 거죠.

그 모습이 마치 '일본 디스토피아의 선구적 형태'처럼 느껴지더군요. 아름다운 바다를 매립해 이런 흉물스러운 것을 만든 인간들을 저주하고 싶었습니다. 게다가

이 태양광 패널도 30년 후엔 대량의 폐기물이 됩니다.

사이토 코로나 팬데믹이 분명히 보여 줬죠. 이제 일본은 마스크조차 자력으로 만들 수 없는 나라가 되어 버렸습니다. 식량도 에너지도 자급할 수 없는, 생존에 필요한 것은 아무것도 못 만드는 나라가 됐어요. 그런데도 우리는 매일매일 엄청 열심히 일하고 있죠.

도대체 우리가 뭘 하고 있을까요? 부유층을 위한 고급 시계나 스포츠카 같은 사치품을 팔거나, 고소득자와 외국인을 위한 고급 호텔이나 레스토랑에서 서비스를 제공하고 있습니다. 그런데 정작 거기서 일하는 사람들은 그런 고급품을 살 수 없죠. 그러면 그들이 무료로 시간을 보내는 방법이 뭐냐, 바로 유튜브, 트위터, 스마트폰 게임 같은 것들입니다.

안데르스 한센이 『인스타 브레인』에서 지적하듯이, 그런 것들은 애초에 사용자를 중독시키도록 설계된 겁니다. 그런 오락거리를 스트롱제로*를 마시며 소비하고, 그렇게 살다 보니 일본인은 정작 필요한 건 아무것도 만들지 못하게 돼 버렸죠.

우치다 이웃 나라 한국은 저출생 고령화가 일본보다

---

* 알코올이 다량 함유된 탄산음료로 가격이 저렴하고 중독성이 높다.

더 빠르게 진행되고 있습니다. 출생률은 0.78까지 떨어졌고, 인구의 수도권 집중 현상도 가속되어 서울 및 수도권에 인구의 50.6퍼센트가 몰려 있어요. 얼마 전에 한국에 가서 강연을 했는데, 지방에 사는 분들은 자신들이 버림받을 거라는 위기감을 강하게 느끼더군요.

사이토 도쿄에서도 인클로저 성격의 개발이 진행되고 있습니다. 진구가이엔* 재개발이 상징적 사례죠. 저는 전 럭비 일본 대표 히라오 쓰요시 씨 등과 함께 반대운동을 펼치고 있습니다. 진구가이엔 재개발은 그야말로 자본주의의 추악한 단면이 적나라하게 드러나는 사례입니다.

진구가이엔의 일부는 시부사와 에이이치**가 만든 민간 조직에서 국민들로부터 기부금을 받고 나무를 기증받아 조성된 공간입니다. 그런데 지금 나무 1000그루를 베어내 고층 빌딩을 짓고, 진구 야구장과 지치부노미야 럭비장처럼 시민이 이용하는 스포츠 시설은 철거하려 합니다. 이는 시민으로부터 '커먼즈'를 빼앗는 행위나 다름없습니다. 앞으로는 지연이나 혈연에 의존하지

---

* 도쿄 메이지 신궁 주변의 공원 구역으로 스포츠 시설과 문화 공간이 조성된 시민 휴식처다.
** 1840~1931, '일본 근대 자본주의의 아버지'로 불리는 사업가 겸 관료. 사회복지와 공공 정신을 중시하며 메이지 시대 금융과 산업 발전에 크게 기여했다.

않는 '새로운 커먼즈'를 만들어 가는 것이 필요하다고 생각합니다.

새로운 커먼즈의 형태란?

우치다　그렇다면 새로운 커먼즈가 지속 가능하려면 어떤 형태가 되어야 할까요?

사이토　예전에 개풍관에서 우치다 선생님과 이야기를 나누면서 배운 게 있습니다. 그때 이렇게 말씀하셨죠. "이건 우리 스스로 정한 규칙이야"라고 납득할 수 있으면 그 규칙을 지키려는 마음이 자연스레 생겨난다고요. 처음에 말씀드린 내용과도 이어지는데요. 앞으로의 커먼즈는 위에서 내려온 명령이나 이미 정해진 규칙을 따르는 식이 아니라, 가능한 한 모든 구성원이 의사결정에 참여할 수 있는 형태여야 한다고 생각합니다.

우치다　원래 토나리마치 카페* 점주 히라카와 가쓰미** 씨도 오늘 이 자리에 함께하려 했는데, 갑자기 입원하는 바람에 참석하지 못했습니다. 히라카와 씨도 카페

를 하나의 공유지로 만들려 했던 것 같아요. 개풍관도 마찬가지인데, 커먼즈라는 것은 단기적으로는 출혈입니다. 누군가가 자기 주머니를 털어야만 시작되죠. 그런데 커먼즈를 이용하기만 하고 아무것도 제공하지 않는 '무임승차자'가 나오기 마련입니다. 이들을 제로로 만드는 건 불가능해요. 그래서 어느 정도 비율의 무임승차자에게는 '공짜 밥'을 먹여 주는 것까지 고려해서 설계해야 합니다. 따라서 커먼즈를 유지하고 최대한 풍요롭게 만들어 다음 세대에 넘겨주려면 꽤 강한 의지가 필요합니다.

그렇다면, 커먼즈가 중심이 된 집단이 시대를 초월해 이어져 있다는 식의 환상이 필요해지죠. 죽은 이들도, 앞으로 태어날 이들도 포함한 집단적 환상이랄까요.

사이토 마르크스는 『자본론』에서 지구는 누구의 것도 아니라고 말합니다. 특정 개인이나 집단의 것도 아니며, 어느 나라 국민의 것도 아니고, 지금 살아 있는 모든 인간의 것도 아니라고요. 지구는 과거로부터 계승된 것이며 우리는 잠시 그것을 맡고 있을 뿐이고, 개선해서 다음 세대에 물려줘야 한다고 강조하죠.

우치다 선조로부터 받은 것을 후대에 '패스'한다, 정말 옳은 일이라고 생각합니다. 하지만 지구 자체를 커먼즈라고 하면…… 너무 커서 다루기가 좀 어렵겠는데요 (웃음).

사이토 지구처럼 규모가 클수록 좋다는 사람들도 있어요. 그러면 보다 추상적인 이념에 헌신할 수 있으니까요. 가령 '뒷산을 이웃과 함께 정비한다' 같은 활동은 다른 이들과 얽히는 게 귀찮아서 싫다는 거죠.

우치다 커먼즈 문제의 본질은, 어딘가에는 경계선을 긋고 나누지 않으면 안 된다는 겁니다. 여기까지가 '내 편', 저기서부터는 '남'이라는 구분 없이는 커먼즈가 성립하지 않아요. 공동체 내부에는 두터운 상호부조 시스템이 있지만 외부까지는 손길이 닿지 않죠. 이 사실은 받아들여야 합니다. 코뮤니즘이 반드시 박애주의는 아닙니다.

하지만 코뮤니즘이 윤리적이려면 '이 경계까지'라고 자르고 끝내서는 안 됩니다. 경계선을 긋는 행위에 '죄책감'이나 '부끄러움'을 느끼지 않으면, 코뮤니즘은 윤리성을 잃습니다. 커먼즈의 경계선을 1밀리미터씩이라도 넓혀 가면서 받아들이는 '타인'의 수를 늘리고, 그것을 자신의 책임으로 느끼기. 코뮤니즘이 윤리성을 유지하려면 꼭 필요한 일이라고 생각합니다.

사이토 장애가 있는 사람이나 싱글맘이 운영에 참여할 수 없는 구조가 되어선 안 됩니다. 누구나 안전하게 참여할 수 있는 보편적인 장소를 만들 수 있는지 항상 되물어야 해요. 그렇게 하게끔 만드는 것이 바로 '죄책감'이라는 감정이라고 생각합니다.

우치다 토대가 단단하고, 편안하고, 열려 있는 커먼즈를 만들려면 방금 말한 '시간 축을 관통하는 집단 환상'이 필요합니다. 그런데 그것만으로는 부족해요. 하나 더, 수평 방향으로 퍼지는 집단 환상이 필요하죠. 저는 그것을 '인연의 공동체'라고 부릅니다. 나도 모르게 어느새 '우연히' 그 공동체의 일원이 되어 있다, 그런 식이죠.

사이토 개풍관이 그런 커먼즈인가요?

우치다 집이 근처라서, 살을 빼고 싶어서, 이런 '우연한 인연'으로 개풍관과 엮인 사람들이 오히려 구성원으로는 더 오래 남습니다. 반대로 "우치다 선생님의 저서를 오래전부터 애독해 왔고, 선생님의 가르침을 매일 접하고 싶어 입문했습니다" 같은 명확한 목적 의식을 가진 사람은 대개 오래 못 가더군요(웃음).

사이토 그렇군요(웃음). 역시 실천입니다. 현장에 가서 직접 행동해야 해요. 사실 지금 저희는 다 같이 돈을 모아서 산을 커먼즈로 만들 계획입니다. 올 1월에 산을 샀지요.

우치다 산을 샀다고요! 어디에요?

사이토 다카오산입니다. TV에 나오는, 케이블카가 있는 유명한 곳은 아니고요, 좀 더 깊숙이 들어간 '우라다카오' 지역이에요. 저도 도쿄 출신이라 자연과 접할 기회가 적었던 만큼, 산길을 정비하는 전통 기술을 배울 생각입니다. 생태계가 풍부한 땅에서 생물을 관찰하고 산나물을 채취하면서 감성을 기르고 싶고요. 처음엔 돈을 낸 멤버들이 운영하겠지만 나중엔 열린 공간, 즉 커먼즈로 만들고 싶어요.

우치다 말 그대로 '공유지'를 만드는 거군요.

사이토 '땅'만 한정하는 것이 아니라 그에 딸린 문화나 지식, 커뮤니티도 커먼즈라고 생각해요. 그것들도 지금 급속히 사라지고 있죠. 다카오산 같은 곳에서는 산을 관리하는 기술의 계승도 절실한 과제입니다.

우치다 지금 일본 각지에서 후계자 부족으로 전통 예능이나 종교 의례의 전승이 끊길 위기입니다. 개풍관에서 신카게류新陰流*를 가르치는 미요시 묘신 선생은 스와에 사시는데, "이제 이 전통을 이을 사람이 당신밖에 없다"는 말을 자주 듣는다고 해요.
　무도나 종교 의례뿐 아니라 지역의 제사나 전통 예능 같은 것도 구전으로 전해지기 때문에, 당사자가 살아 있을 때 전수되지 않으면 단절되고 맙니다. 그 지역에 뿌리내린 커먼즈의 고유한 문화를 끊기지 않도록 이어 가는 것은, 지금이 마지막 기회일지도 모릅니다.

---

* 16세기 중반 카미이즈미 노부쓰나가 창시한 일본의 전통 검술 유파.

다카오산의 커먼즈가 어떻게 가꿔질지, 저도 정말 기대가 큽니다.

고립된 정원에서 시작하는 커먼즈의 재생

스승이신 우치다 다쓰루 선생의 중요한 저작 『커먼즈의 재생』 번역을 마치고 깊은 감회와 함께 번역 후기를 쓰고자 키보드로 향하고 있다. 번역이라는 작업은 단순히 말을 바꾸어 놓는 일을 넘어 저자의 사유의 숨소리에 귀를 기울이고, 그 사상이 태어난 토양의 냄새를 맡으며, 그 말이 미래의 누구에게 쓰인 것인지를 자신의 몸을 통해 느끼는 여행이다. 이 여행을 통해 나는 현대 사회에 대한 이 책의 사정거리의 길이와 그 밑바탕에 흐르는 절실한 소망을 새삼 뼈저리게 느끼게 되었다.

이 책의 핵심 주제는 제목이 말하는 대로 '커먼즈'의

모습을 다시 묻고, 그것이 사라져 가는 현대에서 어떻게 그것을 '재생'할 것인가다. 책을 읽고 번역하고 음미하는 중에 내 머릿속을 떠나지 않았던 것은 "그렇다면 그 재생의 활동은 도대체 어디서 시작되는가?"라는 물음이다. 제도인가, 교육인가, 정치 운동인가. 이 모든 것이 중요하다는 점은 말할 나위가 없다. 하지만 질문을 깊이 파고들면, 더욱 근원적인 한 인간의 '자세' 같은 것에 도달하는 듯했다. 이 생각은 나 자신의 작은 연구자로서의 걸음과 떼어 놓을 수 없다.

이 글에서는 이 책의 옮긴이로서, 또 한국의 바닷가 도시 일광의 아파트에서 거의 나가지 않는 한 명의 '마치바*의 심리학자'로서 내가 매일 느끼는 것을 이야기하고 싶다. 그것은 이 책의 주제인 '공공성의 회복'과 '새로운 공공성의 창조'가 실은 가장 고립된, 개인적인 장소에서 시작된다는 역설에 대한 이야기이다.

지도를 만드는 건축가와 잃어버린 공공성

오늘의 지식 세계, 특히 대학이나 연구 기관 같은 제도화된 아카데미즘은 어떤 심각한 위기에 놓여 있는 것으로 내게는 보인다. 그것은 본래라면 '커먼즈', 즉 누구나 접

---

* 街場. 일반적으로는 '거리'라는 뜻이지만, 우치다 다쓰루의 여러 저서 제목에 쓰인 단어로 그의 저서에서는 '지식인과 일반 시민이 교류하는 공간'이라는 의미로 통용된다.

근 가능한 공공재였을 지식이 일부 사람들의 실적을 채우고 금전적인 이익 도모와 승진을 위한 '사유재'로 변모해 버렸다는 위기이다. 이 상황을 나는 '지도를 만드는 건축가'라는 은유로 파악하고 있다.

주류 연구자 대부분은 말하자면 '지도 제작자'이며, 동시에 '건축가'로서의 역할을 기대받는다. 그들에게 연구 대상인 인간의 마음이나 사회란 자신의 바깥쪽, '저편'에 펼쳐진 객관적 영역이다. 그들의 사명은 통계라는 측량 기구를 구사해서 그 영역을 정확히 측정하고, 누가 봐도 이해할 수 있는 정밀한 지도를 그려 내는 것이다. 그리고 그 지도를 바탕으로 선행 연구라는 도시계획 안에 새로운 빌딩 하나를 건설하는 것이다.

그들이 쓰는 논문은 엄격한 심사라는 건축 기준법을 통과하고, 학회라는 시 의회의 승인을 받아야 한다. 그 빌딩은 튼튼하고 기능적이며 도시 경관을 해치지 않아야 한다. 이것은 학문의 체계성을 유지하고 지식을 착실히 쌓아 올리는 데 불가결한 행위인 것처럼 보인다. 우리는 그들 건축가가 지은 무수한 견고한 빌딩 위에서 안심하고 살며 사유할 수 있다고.

하지만 이 시스템 내부에서 무엇이 일어나고 있을

까. 연구는 '아직 존재하지 않는 것을 창조하는' 행위가 아니라 '이미 존재하는 평가 기준을 통과하기' 위한 게임이 되고 만다. 지식의 공공성은 점점 사라지고, 연구자들은 고고한 사상가이기보다 유행하는 이론이나 수법을 재주 있게 사용하는 관료이기를 요구받는다. 그 결과 만들어지는 '지식'은 우리의 생생한 일상과 괴리되고, 전문가들끼리만 통용되는 폐쇄적인 언어(전문용어)로 뒤덮여 간다.

이것이 바로 우치다 선생이 이 책에서 경종을 울리는 '커먼즈의 상실'의 대표적인 풍경이 아닐까. 지식의 공공성이 사라지고, 학문은 진리를 탐구하는 곳에서 논문이라는 업적을 쌓아 올리는 공장으로 모습을 바꾼다. 그 안에서 개별 연구자는 거대한 시스템의 톱니바퀴가 되어 자신의 말로 이야기하는 절실함을 잃는다. 지식은 우리 생활을 풍요롭게 가꾸기 위한 공유지(커먼즈)이기를 그만두고, 교수 자신의 배를 불리기 위한 사유지가 된다. 이 황폐한 풍경이야말로 우리가 '공공성의 회복'을 이야기하기 시작해야 하는 출발점이다.

정원사의 고립과 공공성의 회복

그렇다면 공공성의 회복은 어디서 시작되는가. 나는 그 첫걸음이 제도화된 광장에서가 아니라 한 인간이 자신의 삶과 마주하는 고립된 정원에서 시작된다고 생각한다. 나는 스스로를 '지도를 만드는 건축가'가 아니라 '정원을 가꾸는 사람'으로 여기고 있다.

　나의 연구 필드는 '저편'에 있는 미지의 대륙이 아니다. '여기', 즉 나 자신이 살아가는 이 일상, 이 몸, 이 아파트의 작은 방이라는 소박한 정원이다. 나의 일은 이 정원을 구석구석 걸으며 흙냄새를 맡고, 바람 소리에 귀 기울이며, 어제까지 깨닫지 못했던 작은 새싹의 돋아남에 놀라는 것이다. 나는 연구 대상의 '밖'에 있지 않다. 나 자신이 이 정원을 구성하는 한 그루 나무이자 흙 속에 숨은 미생물이다.

　예를 들어 '교실에서 발언하지 못하는 아이'라는 주제를 만났을 때, 정원사인 나는 먼저 내 안의 정원에 깊이 들어간다. 통계 데이터를 모으기 전에 나 자신의 몸이 기억하고 있는 '발언하지 못했던 순간'의 감촉을 흙 속에서 파내려 노력한다. 목구멍 안이 막히는 듯한 압박감. 심장의 불규칙한 고동. 머릿속에서 소용돌이치는 무수한 목소리. 이 누구에게도 보여 주지 않지만, 확실히 존재하는 몸의 실감이야말로 나의 연구에서 첫 번째이자 가장 신뢰할 수 있는 '데이터'가 된다.

　이 생생한 감촉을 지닌 경험에서 출발해서 나는 처음으로 눈앞의 아이 침묵의 '안쪽'에서 무엇이 일어나고 있는지 상상할 수 있다. 내가 찾고자 하는 것은 보편적인 법칙이 아니다. 그 아이의 침묵이 지닌 유일무이한 질감, 색깔 그리고 울림이다. 그것은 지도에 적어 넣을 수 있는 단순한 정보가 아니다. 오히려 한 편의 시를 읊듯이 그 아이 경험의 풍부함을 기술하는 것. 정원사의 일이란 식물을 분류해서 표본으로 만드는 것이 아니라, 그 하나하나가 이 정원에서 어떻게 뿌리를 내리고 빛을 찾으며 떨고 있는지를 애정을 담아 이야기하는 것이다.

　이 책의 핵심 주제인 '공공성의 회복'이란 바로 이 고립된 정원사의 일에서 시작되는 것이 아닐까. 잃어버린 공공성을 한탄하고 제도의 개혁을 목 놓아 외치기 전에 먼저 해야 할 일. 그것은 우리 한 사람 한 사람이 자기 자신의 경험이라는 정원을 깊고 성실하게 가꾸는 것이다. 추상적인 정론이나 빌려온 말이 아니라 자신의 몸의 감각에 뿌리박은 절실한 말을 찾아내는 것. 이 고독한 작업이야말로 야위어 버린 지식의 토양에 다시 생명력을 되찾게 하는 유일한 길이라고 나는 믿는다.

첫 번째 발자취와 새로운 공공성의 창조

하지만 그저 정원을 가꾸기만 해서는 그것은 개인적인 사색, 이른바 '사념'에 머물 뿐이다. 그것이 어떻게 '공공성'을 획득하는가. 여기에 이 책의 또 다른 중요한 주제인 '새로운 공공성의 창조'에 이르는 길이 숨어 있다.

나는 내 일을 '아직 아무도 걸어 본 적 없는 숲에 첫 번째 발자취를 남기는 사람'의 일이라고 생각한다. 내가 쓰는 글은 완성된 건축물이 아니다. 그것은 뒤에 올지도 모르는 '아직 존재하지 않는 연구자'를 위해 내가 남기는 소박한 이정표이다.

"여기에 한때 나라는 인간이 서 있었다. 그리고 이 울창한 숲 너머에 마음을 끄는 무엇인가를 느꼈다. 이 방향으로 가는 것이 옳은지는 모르겠다. 하지만 만약 너도 역시 이 숲의 고요함과 깊숙한 곳에서 들려오는 희미한 소리에 마음이 움직였다면, 내가 남긴 이 불확실한 발자취를 의지해서 한 걸음을 내디뎌 보면 어떨까?"

이 불확실하고 개인적이고 고립된 부름이야말로 사

적인 경험이 '공공성'을 획득하는 첫 번째 기적적인 순간이다. 여기서 이 책의 논의와도 깊이 호응하는 스승 우치다 다쓰루 선생의 '사상가와 이데올로그의 차이'에 대한 말을 인용해 보자. 사상을 이야기하는 자는 "이런 것을 이야기하는 것은 우선 나뿐이며, 내가 이야기하기를 그만두면 그것은 나와 함께 사라진다"고 생각한다. 역설적이지만 사상의 공공성을 뒷받침하는 것은 이 '고립되어 있다는 자각'이라는 것이다.

정원사이자 첫 번째 발자취를 남기는 이인 나의 사고는 이 '고립의 자각'에서 시작한다. 내가 이 아파트 한 방에서 느끼고 생각하는 것은 내가 이야기하기를 그만두면 아무에게도 알려지지 않고 사라져 버릴지도 모른다. 그렇기 때문에 한 마디 한 마디를 갈고 다듬어 필사적으로 말을 엮어 내는 것이다. 그 절실함이야말로 언젠가 누군가의 마음에 닿아서 내 생각이 '사념'이기를 그치고 '공공성'을 획득하는 유일한 길이라고 믿기 때문이다.

반면 이데올로그는 "나와 같은 것을 생각하는 인간은 무수히 많고, 내가 이야기하기를 그만두어도 누군가가 대신 이야기할 것이다"라고 생각한다. 이 "압도적 다수일 것이라는 근거 없는 믿음"은 제도화된 학문 세계에 스며드는 그림자이기도 하다. 그들은 자신의 말의 '절실함'이 아니라 소속 집단의 '옳음'에 의지한다.

여기에 '새로운 공공성의 창조'의 비밀이 있다. 그것은 거대한 조직이나 제도가 위에서 아래로 설계하는 것이 아니다. 그것은 고립된 정원사가 자신의 고독을 걸고 숲속에 한 줄기 발자취를 남기는 것에서 시작한다. 그리고 그 발자취를 다른 곳에서 고독히 정원을 가꾸고 있던 누군가가 발견하고, '여기에도 동료가 있었구나' 하며 자신의 발로 다음 한 걸음을 내디딘다. 그 소리 없는 공명, 고립된 목소리와 목소리가 울려 퍼지는 곳에 제도와는 무관한 새로운 공공성이 창조된다.

연구의 본질은 '이미 존재하는 것에 근거해서 심사받는 것'이 아니다. '아직 존재하지 않는 것을 창조하는 것'이다. 이 마음가짐만 있다면 무엇을 어떻게 써야 할지는 저절로 보인다. 자신이 왜 이 주제에 이토록 마음을 빼앗기는지, 그 필연성을 전문가가 아닌 누군가에게 이야기하듯이, 자기 말로, 자기 정원의 이야기로 시작하는 것. 그것 말고는 길이 없다.

'새로운 보통'을 향해

이 책『커먼즈의 재생』을 한국 독자들에게 전하는 나의 일 역시 소박하지만, 이 발자취를 남기는 시도 중 하나였을지도 모른다. 우치다 선생이 일본 토양에서 가꾸고 엮어 낸 말을 한국이라는 다른 정원에 옮겨 심는 것. 그 말이 이 땅에서 어떤 뿌리를 내리고 어떤 새싹을 틔울지는 나도 모른다. 하지만 이 책이 한국 독자 한 사람 한 사람의 내면 정원에 작은 물결을 펼쳐 주기를 진심으로 바란다.

제도에서 도태된 것이 아니라 지식 본래의 모습을 되찾기 위해 스스로 고립을 선택하는 사람들이 지금 조용히, 하지만 확실히 나타나기 시작하고 있다. 나 같은 '마치바의 심리학자' '동네 사회학자'(실제로 이렇게 칭하는 지인이 있다) '독립 연구자'. 그들의 존재가 당연해지는 것. 그것이 내가 꿈꾸는 '새로운 보통'이다.

연구란 훌륭한 직함이나 풍족한 예산이 보장해 주는 것이 아니라 그저 한결같이 자신의 정원을 가꾸어 가는 절실한 마음가짐의 문제라는 것을 많은 사람이 깨닫는 세계. 논문 수가 아니라 그 말이 얼마나 깊이, 미래 누군가의 지적 흥분을 불러일으켰는지에 따라 그 가치가 측정되는 세계.

그때 학문은 다시 제도의 벽을 넘어서 우리의 생생한 일상과 연결될 것이다. 그리고 아파트의 작은 방에서 발신된 고립된 목소리가 언젠가 사회의 커먼즈를 풍요롭게 가꾸어 갈 것이다. 그 소박하지만 확실한 희망을 이 책은 우리에게 보여 준다. 그 희망을 품고 나는 오늘도 이 안락의자에서 세상을 사유해 나가고 있다.

2026년 1월
일광의 바닷가 아파트에서

주

1   사이토 고헤이, 『지속 불가능 자본주의』(김영현 옮김, 다다서재, 2021)

2   오르테가 이 가세트, 『대중의 반역』(황보영조 옮김, 역사비평사, 2005)

3   칼 포퍼, 『열린 사회와 그 적들 2』(이한구 옮김, 민음사, 2006)

4   같은 책

5   같은 책

6   같은 책

7   같은 책

8   Emmanuel Todd, 『La Diversité du monde: Famille et modernité』(The Diversity Of The World: Family and Modernity), Éditions Le Seuil, coll. «L'histoire immédiate», Paris, 1999.

커먼즈의 재생
: 공공, 환대, 관용은 어떻게 회복되는가

2026년 2월 14일 　　초판 1쇄 발행

지은이　　　　　　**옮긴이**
우치다 다쓰루　　　　박동섭

펴낸이　　　　　**펴낸곳**　　　　　**등록**
조성웅　　　　　　　도서출판 유유　　　제406 - 2010 - 000032호(2010년 4월 2일)

　　　　　　　　　주소
　　　　　　　　　경기도 파주시 돌곶이길 180 - 38, 2층 (우편번호 10881)

전화　　　　　　　**팩스**　　　　　　　**홈페이지**　　　　　**전자우편**
031 - 946 - 6869　　0303 - 3444 - 4645　　uupress.co.kr　　　uupress@gmail.com

　　　　　　　　　페이스북　　　　　**트위터**　　　　　**인스타그램**
　　　　　　　　　facebook.com　　　twitter.com　　　instagram.com
　　　　　　　　　/uupress　　　　　/uu_press　　　　/uupress

편집　　　　　　　**디자인**　　　　　**조판**　　　　　**마케팅**
사공영, 조은　　　　이기준　　　　　정은정　　　　전민영

제작　　　　　　　**인쇄**　　　　　　**제책**　　　　　**물류**
제이오　　　　　　　(주)민언프린텍　　라정문화사　　　책과일터

ISBN 979 - 11 - 6770 - 148 - 0 03300